核心素养 · 爸爸有道

让童年发生奇迹

——一个天才少女父亲的教育

RANG TONGNIAN FASHENG QIJI

王辉湘 / 著　王老咪 / 诗文 / 插图

漓江出版社
·桂林·

图书在版编目(CIP)数据

让童年发生奇迹：一个天才少女父亲的教育 / 王辉湘著.
-- 桂林：漓江出版社, 2017.2（2022.2重印）
ISBN 978-7-5407-7962-7

Ⅰ. ①让… Ⅱ. ①王… Ⅲ. ①家庭教育— 通俗读物
Ⅳ. ①G78-49

中国版本图书馆CIP数据核字(2016)第289382号

让童年发生奇迹—— 一个天才少女父亲的教育

作者：王辉湘
诗文、插图：王老咪

出 版 人：刘迪才
策划组稿：文龙玉
责任编辑：章勤璐
书籍设计：石绍康
责任监印：黄菲菲

漓江出版社有限公司出版发行
广西桂林市南环路22号　邮政编码：541002
发行电话：010-65699511　0773-2583322
传真：010-85891290　0773-2582200
邮购热线：0773-2582200
网址：www.lijiangbooks.com
微信公众号：lijiangpress

印制：三河市嵩川印刷有限公司
开本：710 mm × 960 mm　1/16
印张：17
字数：250千字
版次：2017年2月第1版
印次：2022年2月第2次印刷
书号：ISBN 978-7-5407-7962-7
定价：58.00元

写给亲爱的爸爸

我总是以各种忙碌为借口，不忍细读这一本书。直到全书付梓在即，只差我这一篇序言时，才一字一句地读起来。阅读中有笑有泪，更多的是感慨能够在这样珍贵的爱中长大，是多么的幸福。

爸爸曾说每个生命都是天才，天生的就是天才。在我心中，爸爸一直是天才。他有独一无二的敏锐和深刻，有从不会为外境转移的求道之心。他能讲出最有趣的故事，给出最智慧的支持，浪漫洒脱里饱含慈悲。我想，爸爸给我的最珍贵的教育是他对生命的爱与理解，是他的存在本身。

爸爸创造了一个诗意的世界给我，当作我进入这个现实世界的缓冲。一直到今日，当现实世界太过于生冷凛冽时，我依然会回到爸爸用爱与故事搭建的世界里。而我能给爸爸什么呢？因为获得的太多，哪怕提笔写一篇序言都会觉得艰难。我曾写过一首名为《懂》的诗给他：

在各种喧哗中　也能听到你
小声读诗的声音
便是万里之外
亦回荡在我　方寸心里

是用那一夜落雪
未融的倾听　来听你
用这一生星夜
未眠的心　来听你
用无穷的寂静

累世的寂寞
虔诚地　只是听你
听得久了　猜这世上
应是属我懂你

只因你　在多年前落雨的初夏
肯默读我眼眸深处的泪
然后用那么久的人生
把它蒸发成我唇边
此刻顿悟的笑容

我想，我能给爸爸的是一种深刻的陪伴和懂得。从很小的时候，我就知道爸爸有一个美好却孤独的童年。我的爷爷奶奶离开得很早，在爸爸的故事里，天地是那么广阔，万物都闪着光辉，但他的喜悦却如此孤单。或许是因为出生时适逢暴雨，夏夜的惊雷总会让我的心感到空旷而静谧。好像是提醒我生命有一个浩瀚的源头。那惊雷如同教堂的钟声一般，常常敲在我心头。我继承了爸爸的血脉，也继承了他的敏感和孤单。他的故事承载着我精神的河流，有时也像是那夏夜的惊雷。回想起来，我并不是一个太合群的孩子，玩起许多游戏都是笨拙的，最喜爱的便是独自投入忘我的时刻。幸运的是，当我与爸爸的童年叠加起来，就有了一个独立的世界。因为心灵的完整，而超越了世俗的孤独。

我与爸爸读书时，妈妈常在一旁听着，送来茶点与水果，间或讨论几句。她总是那么开朗宽容，在温柔中有着不可动摇的坚定。我与爸爸诗人式的浪漫与敏感，总会在她几句洒脱又笃定的点评里接了地气。她好像是家里的定海神针，又仿佛初夏的阳光，不着痕迹地照耀着我和爸爸。有时，我和爸爸会悄悄说：幸好妈妈不会写诗，我们才有那么好吃的饭菜。妈妈也会笑着抱怨：家里有两个诗人可真是麻烦。一直到现在我都记得，童年时与爸爸妈妈一起散步，我会在某一个瞬间某一种光线下感觉到永恒。心里莫名升起感动，会莫名其妙地想："这是多么珍贵的遇见。"我们三个那么的默契，这份相亲相爱的背后是灵魂与灵魂之间深刻的懂得。

我常想，如果没有父母全然的爱与陪伴，我这个天性敏感的孩子可能就会是个茫茫然的小怪物。多么幸运，那些数不清的奇怪问题被允许无限地指向最深刻的答案，那些细小琐碎的观察被提供了从容的时间与空间，那些起伏的情绪被接纳进入了无条件的爱的海洋。

爸爸说："大人的答案都不是孩子所问的问题，是答非所问。"他这样说，一定是因为他了解孩子所问的那些大哉问。那些问题本身蕴含着超越固定文字的答案，连接着源头的智性。爸爸从来不提供固定答案，他只是用温柔又广阔的心聆听着问题。因此，许多小朋友和他短暂的相处后，就会成为莫逆之交。因为纯真又智慧的爸爸总是能够认出藏在每一个小孩子心中的神。许多大朋友认识他之后，又会生起想要读书学习的志向，再一次把慧命的成长当成人生大事。许多流浪猫、流浪狗认识他之后，除了一劳永逸地解决了温饱问题，还有了愿意蹲下身子，用平等心与它们交流的人类朋友。

因此，除了我和妈妈，爸爸的许多朋友和学生都深爱着他。每次看到爸爸和其他的小朋友一起玩耍，已经到了而立之年的我，常常会觉得不真实，仿佛看到童年的自己，又仿佛看到童年的爸爸。我知道，爸爸把曾讲给我的故事，也讲给了大家。爸爸的赤子之心是多么强大啊！他曾经作为一个法官，见识过各种世态炎凉；作为一个学者，阅读了古今那么多书籍；作为一个诗人，品尝过深刻的爱恨，也经历过生死考验；可他的心却总也不老，一直闪耀着纯真的光芒。

人们常说，孩子长大了，父母会跟不上孩子的脚步。可是爸爸妈妈却总是让我惊叹。这些年，眼见着他们的身心越来越轻盈通透。爸爸的书法从灵动潇洒转变为俊逸而不失稳健，对《易经》的潜心研究更让他隐隐有一种浩然中正之气。我想，真正的成长是从来不会停止的，因为那动力来自对生命的热爱与对真理的渴求。感谢爸爸让我看到这一点，这便是最好的奇迹。

老咪

2016.12.19

最好的父亲在这里
——王辉湘的家教智慧与思想

许多与老咪接触过的人，都称其是一个通透天宇与生命微妙的天下奇才。

老咪，原名王筱菲。4岁多开始诗歌创作，出口成章。诗文俱佳，哲思飞扬，让人拍案叫绝。1993年，老咪被授予“济南小名士”称号;1994年，在中央电视台“六一”儿童节举办的“跨世纪少年雏鹰行动”评选活动中，她成为7名获奖人之一;1995年，被吸收为“中华少年诗社”社员;1996年，她竞选为青岛市市南区红领巾理事会主席;1997年，被国家教委与中国作协等单位命名为“小作家”，并获得“全国百名好少年”的殊荣。济南电视台、山东电视台、中央电视台、《中国教育报》《中华少年》《山东少年报》等新闻媒体都报道过老咪写诗读书的情况。25岁之前的她就出版5本著作。

老咪从少年时即游学英国，历时8年，获得伦敦大学电影学学士学位及伦敦政治经济学院人类学硕士学位。自2015年始，在古城西安攻读哲学博士，并访学美国加州大学，开始对先秦文化与玛雅文化进行比较研究。

十多年来，老咪辗转东西万里路，浏览古今万卷书，而且有着属于她的丰富而奇妙的阅历。为报纸杂志写过专栏，主持过电视节目，为企业做过策划，也创过业，在英国拍过纪录片，在美国当过教会服务人员，是美国催眠协会的注册催眠师，英国巴哈花精的实践者。

从25岁开始，老咪就在每年一届的中国教育报刊社宣传策划中心主办的“名家人文教育高端论坛暨名师课堂研讨会”上做精彩演讲，其哲理性的诗化语言，独特而又深邃的内容，让所有参会者为之折服与惊叹。在2016年11月中旬第九届济南研讨会上，她所做的“写作作为一种自我疗

愈”讲座再一次引起轰动。

于是，叩问老咪成此大道的深层原因者也越来越多，作为从1997年就开始采访她，到今天依然与她有一种忘年之交的文友的我，就成了不少人探寻的对象。

原因自然非止一端，可如果追根溯源，与其爸爸王辉湘从小对她大智慧的发现与开发当有着内在的维系。

王辉湘同样是我的文友与采访对象，近二十年来，我与他一直保持着深厚的友谊。笔者发现，老咪的大才大智与其爸爸教育有道的大境界，已经相得益彰地和谐成“水天一色”的一曲文质兼美的乐章。

说：出口成章，妙语连珠

王辉湘认为，说是一门口才技巧的艺术，有时也是一种对人生感悟的解码。 如何培养女儿“说”的水平，就成为王辉湘研究和实践的一个课题。

首先，培养老咪由看到说的能力。

当老咪刚学会走路时，王辉湘便带领她到大自然中去观察领略那独具的风光之美。老咪对白云悠悠或灿烂星空、青翠树木、低吟浅唱的虫子鸟儿等，都有着极大的兴趣。孔子说：“知之者不如好之者，好之者不如乐之者。”老咪对大自然的这种特殊的“乐”，为王辉湘指导女儿观察、说话奠定了很好的基础。他指导老咪细察事物的特点，形成一个共同议论的话题。老咪想象奇特，用优美的童音描述着她眼里的审美客体；爸爸则与女儿一唱一和，将这一观察后的思考引向深入。他俩还常常针对植物的不同形态，进行有声有色的比较分析，感受大自然的奇妙无穷。一张灵巧的小嘴，总似黄莺一样不停地歌唱。而王辉湘，则异常兴奋地为这歌唱而歌唱，而激赏。

老咪不仅常常见景而出言，而且对动物、人、事等，也多有自己的观点和见解。所以，在爸爸的引领下，老咪未入学便有了出口成章的超级“说”术。

其次，王辉湘着意培养了老咪由想到说的能力。

人的大脑是一个极其神奇的世界，是挖掘其潜力使其想象奇妙，还是压抑其灵性导致其流于沉寂，这是对家长教育观念与行为的严峻考验。王辉湘不仅开发了老咪卓越的想象力，而且将这种想象力幻化成了说的艺术。

在老咪刚会说话的时候，王辉湘便开始给老咪讲有趣的故事。尤其是动物故事，吸引着老咪与这些动物共命运、同悲喜。老咪听故事时，神情特别专注，两眼一直望着爸爸。这种听，充盈了她的爱心，也丰富了她的想象。

两三岁的时候，老咪便与爸爸一道读了许多童话故事，这更加丰富了她的想象力。在这种基础上，王辉湘开始有意识地发挥老咪的想象力，并要其将这种想象用语言表述出来。这时候，老咪的脑子里充满了奇妙的想象，而且也有了自编自说故事的强烈欲求，于是，老咪的口头故事创作便纷至沓来。特别是到英雄山的无人之处，没有了外界的纷扰，父女二人就兴味盎然地自编自讲起故事来。秋天，看到落叶遍地，便给故事起名《落叶河》，从一片树叶落地讲起，驰骋想象，情节曲折的故事源源不断。而且是两个人轮着去讲，一讲就是20多集。故事动人心弦，讲者听者都沐浴在想象瑰丽的情节中，神游天外，乐而忘返。就是在这种讲故事中，老咪想象的翅膀飞翔起来，这为以后老咪的即兴赋诗与能言善辩设置了铺垫。

此外，王辉湘还着意培养了老咪敢于评说的能力。

对世上纷繁万象、千奇百怪的现象与问题，是充耳不闻、闭口不语，还是直面现实、敢于评说，这是两种截然不同的人生态度。王辉湘不仅引导老咪关注这些现象和问题，而且让她思考、评说；有的时候，他也参与其中，与老咪共同评判，是者扬之，非者导之，从而使老咪说的艺术走向一个“思接千载”的世界里。

王辉湘经常带着老咪参加一些富有意义的文化活动，鼓励老咪主动地参与其中，大胆地陈述自己的看法，从而锻炼其敏锐的思维能力和临场应变的能力。一次在青岛召开的读书座谈会上，一位年届70的老者，教诲老咪必须将《论语》的全部章句背诵下来，不然便没有资格谈论《论语》的要义。老咪除肯定老者的合理意见外，也提出了不同的看法：“老爷爷，读书是在感受愉快中吸取其精华，而不是在痛苦的死记硬背中略知其表层。比如老爷爷您吧，昨天吃了几个馒头，喝了几碗汤，吃了多少菜，现在未必记得一清二楚，但其中的营养您吸收了。一个有悟性的读者，犹如一块

能吸收许许多多水的海绵，自然而又迅速地吸进去的是水一般的书中的精华。所以，关键不在于背得熟不熟，而在于是否真正地理解与领悟了《论语》的真正内涵，并化解成一种有用的能力。”那位老者无言以对而又频频点首，并对这位小女孩刮目相看了。

这种有趣的语言交流，可以洞见老咪特有的机敏，也可以反映她的读书观。老咪几读《论语》，而且每读都有新的收获，并将其与《孟子》《道德经》《庄子》等书作以比较分析，谈论其间同异相间的奥妙。这比那种死记硬背与生吞活剥的读书，显然高出一筹。而王辉湘对老咪与大人们的语言交流，始终持一种支持欣赏态度。老咪也正是在爸爸的鼓励和自信中，于重要场合当仁不让于师，与大人们纵论天下大事与读书感受，从而将她的说的艺术推到一种与智慧交融的天地里。

老咪在学校里，眼观耳闻各种现象，并产生不同的感想。王辉湘便要求老咪将自己的所见所闻所感谈出来，从而了解其明辨是非的水平，培养其口头表述的能力。比如有人对学生的看法，往往受家长职业性质与地位高下的左右。对此，老咪颇有感慨地对爸爸讲了自己的看法：“世界上各种各样的职业，都有其存在的合理性、有用性，甚至一定的艺术价值。比如做陶瓷的、拉二胡的，达到炉火纯青的地步时，便上升到一种艺术的品位。关键不在于职业的不同、地位的高下，而在于你干得好坏优劣。一个小品的台词说得好：‘有让人抛弃的人，没有让人抛弃的工作。’人们对职业所持有的偏见，实在令人费解。尤其是将这种偏见波及孩子身上，不应有的偏见笼罩在一些所谓职业不好、没有地位的人的子女身上，给他们锁上一些痛苦的精神枷锁，实在是可气可恨！”老咪对问题的认识与感受，颇令王辉湘高兴与鼓舞。他为老咪能够清晰地将自己的感受表述出来而自豪，更为孩子有一颗美好的心灵而欣慰。王辉湘在给老咪肯定表扬之后，继而进一步阐释了职业、地位和民族素质等一系列的问题，使老咪的疑惑冰释，并看到了美好的前景。

面对记者的提问，王辉湘要求老咪落落大方，从容应付，老咪更是成竹在胸，有问必答，而且多有独到的见解与警语似的评说。当笔者写完《智者老咪——一位当代罕见的少年奇才》并即将见诸报端时，我打电话要求老咪谈谈对这一题目的看法，她不假思考地说："其实我是最最平凡的一个孩子。只是目前绝大多数的孩子所具有的与生俱来的灵性与才分，在走向人生的道路上，不仅没有得到发挥与张扬，反而被父母或其他教育者扼杀了。而我却是在父母的教育中，保留了那种天然的禀赋，并得到了很好的发展。别人都变了我却没有变，因为我是最最普通的一个孩子，而别人恰恰就有些特殊了。因为人们都将特殊视作了普通，我这普通平凡的一个便成了'罕见'的了。上苍赋予人以生命，自是天才，但非奇才。至于是不是智者，我感到将来有一天能够达到，但目前尚且不是。"其间不乏谦虚之意，但也可以看出一些辩证与哲理性的思考，以及对目前家庭教育以及学校教育的不凡见识。

不管是何种形式的说，老咪都超越了中小学阶段教学中那种说话训练的浅层平面，都融进了她自己的独特思考，以及王辉湘循循善诱的引导，显示了老咪特有的天赋与才分，以及超常的创造力，也反映了王辉湘鼓励发挥这种天赋与创造精神的教育观念与教育行为。由此可见，老咪出口成章，妙语连珠，是一个奇才，当有其必然的原因。

读：入乎其内，乐而忘返

老咪读书，总会自觉不自觉地步入忘我的空灵境界，走进愉快亢奋的最佳天地，与哲学大师、文学巨匠、科学之子做心灵的对话、感情的交流。未孜求于开卷有益而获益匪浅，未求取其智慧而慧门大开。而王辉湘则为女儿的入情入境从心底流出一曲欢唱，并与女儿共踏书山，一起领略这宜人的旖旎风光。

王辉湘认为，宇宙浩渺无边，而人的生命却有限。在有限的人生中，要让老咪读到世界上高层次的书。所以选读之书，必须取乎其上而不取乎其中，更不取乎其下。即便在老咪很小的时候，王辉湘给她读的书也不是一般孩子常读的通俗小人书，除中外著名童话外，便是伟大诗人的精品之作，以及哲学家、文学家、科学家的经典之作。老咪未必全能听懂，但她为之神往，为之痴迷。王辉湘的高层次定位，为以后老咪的高层次读书奠

定了基础。所以，在老咪具有了一定的读书水平后，王辉湘便与她共同解读哲学的深邃、文学的美妙与科学的奥秘。王辉湘读起书来朗朗上口，老咪的目光便随着爸爸的读书声在书上移动并自我辨认着各种字体，心里品味着书中的要义。令王辉湘大为惊奇的是，老咪竟在爸爸的领读中，迅速地识记了许许多多的字，甚至那些佶屈聱牙的繁体字，她也知其读音与含义。与此同时，王辉湘有意与老咪讨论读书的感受，老咪竟款款道来，而且不乏精彩之语。

这时候，王辉湘开始教给老咪读书的方法。他说："不动笔墨不读书，这是读书人的座右铭。"读书之前，将红蓝铅笔与钢笔本子准备齐全，对书中警语妙句用红蓝铅笔作以标记，并将体会感受写在书上，同时，分门别类，做好读书笔记。老咪心领神会，不仅"不动笔墨不读书"，而且所写多有自己的见解。老咪甚至还"胆大包天"地将大师们的名著批得"体无完肤"，而且不乏自己的真知灼见。

老咪的读书笔记是一道绚丽的风景，也是一笔精神财富，其间融进了她的思考，打破了传统的读书笔记的写法，挥洒自如，不拘一格，颇具"横看成岭侧成峰"之美。比如老咪看了歌德写的小诗《湖上》最后四句"晓风翼覆了/影阴着的湾/湖中影映着/成熟中的果"，便写道："'影阴着的湾''成熟中的果'是何等新鲜的诗句，多么流畅的情思！歌德培植了广阔无边的诗的纯净田野。"尽管所写寥寥数语，却见出老咪高品位的欣赏水平与亮丽的语言风格。所以她评价歌德说："歌德丰富的一生，因承受了上天太丰富的赠予，而拥有太丰富的灿烂，从而聚集成太丰富的伟大。正如赫尔德所说的那样：他在每一个生活进程中都是一个男子。拉步陀与克乃勃尔称他是一位英雄，铁石心肠的拿破仑也不得不喊出：'这是一个人！'"从不长的评说中，见出她知识面之广，思考问题之深刻，以及用语词之美。再比如她看了《曾国藩家书》之后写的一篇笔记："曾国藩祖父梦蛇藩生。咪生也有异，呱呱坠地之时，即与死神纠缠半月。人曰'大难不死，必有后福'，咪闻此语皆一笑了之。今读曾国藩，实感快乐非常，侠气虹流。书上曰：'梦龙，天子相；梦蛇，一品相。'奇人必有奇兆。然转念一思，至人无己，神人无功，圣人无名，又将快乐一把挥去。见窗外花态柳情，只愿茫茫今古，积成感慨于胸中。”这则读书笔记结合自身经历与感慨，以及老子的名言哲句，突兀转合，很见大家风范。

老咪读自然科学书，也读名著与哲学书。从6岁起，她将《千家诗》一首一首地往下背，钱钟书注释的《宋诗选注》也一首一首地往下看，而且在繁体字上都注上简体字。7岁时，又细读了800多页的《辞海》。后来又读《唐诗三百首》《全宋词》《李白全集》《近三百年来名家词选》《尼采诗选》《浮士德》等几十部中外诗词。同时读《红楼梦》《三国演义》《水浒》《莎士比亚全集》等几十部中外小说，以及《管锥编》《随园诗话》《文心雕龙》《文学与人物》《艺海一勺》等谈艺类作品;《大气运行漫谈》《人在自然界中的位置》《趣味物理学》《趣味生物学》《时间漫谈》等自然科学书，也令老咪如痴如醉；至于《周易》《梅花易数》《生活智慧》《希腊悲剧时代的哲学》《查拉斯图拉如是说》等哲学类书，更令其心驰神往。

王辉湘认为，读书是一种汲取信息、丰富知识的益智历程，也是一种审美体验与哲学思辨的精神活动，甚至是在原有知识载体上再创造的创新过程。所以他经常与老咪一道，经历与感受这一过程的美好与激越，并以口头语言的形式，表述彼此的认知与见地。无论是落花缤纷的英雄山脚下，还是惊涛拍岸的青岛海滨，无论是与猫咪共同悠闲漫步于门外的小园中，还是全家人筷勺往来有声的饭桌上，父女二人都是将所读之书作为审视客体，热情洋溢，侃侃而谈，使这一说的艺术情趣盎然，美不胜收。

王辉湘惊奇地发现，老咪犹如一块偌大的海绵，迅速而又贪婪地吮吸着知识的甘露，有时还形成了属于她的智慧。欣喜与愉悦在他的心田荡漾，同女儿感情和语言的交流也与日俱增。老咪则因了爸爸的热情参与，感受到父爱的汩汩流淌，激发起口头与心理交流的莫大兴趣。所谈似滔滔之水，灵感也滚滚而来。所以，老咪的每一番议论，都有知识、智慧、情趣性和创造的高度和谐之美，都是一篇篇闪着灵性的口头创作的读书笔记。

王辉湘心潮澎湃，感受着“弟子不必不如师”的美妙，也用精彩而又不失其分寸的评论对老咪进行褒扬。老咪在爸爸的肯定中，自信中又增了自信，愉快中又添了愉快，于是又有了一泻千里的宏论。

这种富有文化内涵与幸福愉快的说，使老咪渐渐练就了出口成章、下

笔成文的特有才能。心灵的清丽与思维的活跃，和着知识的增多，智慧的开启，将老咪推向了一个左右逢源、游刃有余的富有艺术品位的境界。

王辉湘还认为，读书是一种艺术享受，不能有任何的功利目的；老咪同样感到读书是一种高品位的愉快，甚至是一种玩。所以，王辉湘与老咪读书，有一份恬淡静泊的心境，一种祈求解读人生心灵的美。当读累了的时候，马上将书放下，另换其他书再读。其他书也读累的时候，就抱起猫来玩玩，或演一演木偶戏，吹一吹笛子，或者蹦蹦跳跳，笑笑唱唱。有时则站在阳台上，远观岛城美景，心游天外，美在心间。王辉湘与老咪都感到，保持心理愉快至关重要，读书与玩有其内在的联系。孔子在《系辞》上加批《周易》说："君子居则观其象而玩其辞，动则观其变而玩其占。"《周易》这么一部伟大的著作，孔老夫子为什么非在上面加个"玩"字呢？于是父女二人便在这个"玩"字上研讨好长时间，认为这个"玩"字不是马马虎虎，是一种学习态度，治学方法。这种"玩"不是一般孩子稀里糊涂的玩，而是入乎其内、乐而忘返的读书入境的深层解读。

王辉湘有时也带着老咪去游玩，但外出时总忘不了带书，因为他们认为读书与游玩是融为一体的。他们到海滨去时，老咪还忘不了带一把小铲、一个小篮，以便到海滨上铲沙装沙，一个小女孩的活泼烂漫跃然而现。而与此同时，小篮旁边还放着两本高深莫测的哲学书。玩一会儿沙子之后，父女二人便会坐在沙滩上，各人翻开一本书，彻底步入哲学的王国里。这时候，小女孩的天真不见了，与哲人交流的深邃又呈现出来。

老咪对哲学情有独钟，她还特意创造了富有情调的"哲学小屋"。她将许许多多的布娃娃按中外著名哲学家的名字编上序号，如泰勒斯、阿那克西漫德、芝诺、赫拉克利特、亚里士多德、柏拉图、孔子、老子、庄子等等，并逐一按其哲学思想与其对话，有时还展开一定的争论。在老咪看来，这不是一个个布娃娃，而是一位又一位闪烁着智慧之光的有灵性的大哲学家。她从他们那里吸取智慧，也用自己的智慧与他们交流。所以，对话之时，她总是其乐无穷，深入其中，哲语迭出，美不胜收。

王辉湘与老咪一块儿读书，老咪超常的智慧越来越显现出来。爸爸的经验尽管丰富，读书面也相当宽泛，但他达不到老咪特殊的感悟力，对书的内容的理解也难以达到老咪的高度与深度。老咪明显地超越了爸爸，这令王辉湘既惊讶又兴奋。

老咪的知识越来越丰富，智慧也愈来愈增多。但她并不满足，王辉湘也不满足。他告诉老咪，知识与智慧犹如一个圆，掌握的知识与具备的智慧越多，这个圆也便越大，而圆外的未知部分也就越大。宇宙廓大无边，浩浩渺渺，人类在宇宙面前，显得格外渺小，人类还有什么值得骄傲的呢？人类对知识的学习与未知的探索，是永远达不到宇宙那样无边无垠的。所以，学无止境，智慧也无止境。人们应当永远向未知的世界进军。

写：一挥而就，文采飞扬

老咪的诗作，清丽隽永中透视出灵气，哲思深邃中流溢出童趣；老咪的散文，洋洋洒洒有大家风采，纵横驰骋呈名家风貌；老咪的学术性文章，显示出独到的见地、严密的论证、清晰的思路与犀利的笔锋。步入如此写作的多极世界，除去老咪特有的天赋之外，王辉湘的教育有方与老咪的不懈努力当是其主要的原因。

英国作家、心理学家、教育家托尼·布赞说：“你的大脑就像一个沉睡的巨人。”关键是如何有效地开发大脑，并使这个“巨人”迅速地从沉睡中醒来。老咪天赋聪颖，对诗有着特殊的兴趣，王辉湘便张扬这种天赋与兴趣，使老咪内在的潜能充分发挥出来，并将写作的热情推向更高的境界。

老咪 4 岁多时就问爸爸：“什么是诗呢？”王辉湘说：“用自己的感情，以抒情的笔调与音乐感的形式写出来的便是诗。你已经具备了写诗的能力，你一定可以写好诗！”老咪高兴得手舞足蹈，而且开始作诗。老咪说一句，王辉湘记一句。老咪激情满怀，神游天外，诗句一泻而出，爸爸笔走龙蛇，还难以记上。记完之后，王辉湘便异常激动地读给老咪听，还不时评赏几句。老咪高兴地问：“我写的这就是诗了吗？”王辉湘说：“是诗，而且是好诗！”老咪感到自己是一位诗人，写诗的激情一发而不可收，写了一首又一首，渐渐形成了自己的特色。小诗人老咪的大名，也愈来愈为人们所知晓，所称道。

老咪写的各种题材的诗都极具特色，都有出神入化之美。比如对于遁入空门的李叔同，她便赋诗一首："浮云飘，太阳起/落花洒满地/春风赶来报悲喜/山河大海祝福你/祝福你，忆往昔/浪头与礁石别依依/叔同入空门/风也穿佛衣/穿佛衣，发削去/化作昨夜花满地/你身后留下一片神秘/枝头小鸟乱猜疑。"（《赠李叔同》）老咪对佛教有一定研究，且对李叔同有特殊好感，便赋物以情感，以脱俗超尘的笔法，写出神秘莫测的内容，给人们留下回味无穷的特有美感。

老咪只要握笔在手，铺纸在案，就有一见如故的感觉，只要写出一个字，其他的诗句便会一泻千里地流淌出来。她认为，一位真正的诗人，无须酝酿感情，因为感情就在你的胸中，灵感时刻围绕在你的身旁，时刻都会倾泻于你的笔端，都有美好的诗诞生。

为了从不同的方面培养老咪的写作能力，王辉湘非常注重老咪天天记日记习惯的培养。从老咪上学的第一天起，他就叫她写日记。老咪开始不知道日记怎么写，王辉湘便告诉她："日记就是将你一天中看到、听到、想到的记下来。如果无事可写，画一个圆圈、三角形、一幅画或其他任何图形都可以，但绝对不可以空缺。"老咪记住了爸爸的话，而且将日记题名为《人生小记》，每日必记，有的配以插图，图文并茂，颇具情趣。

1997年5月9日老咪生日之时，便写了这么一篇日记："生日即初生之日，此之前为婴卧于母腹，此之后为人立于乾坤。生日故，使卧变立，由婴转人，从母婴之狭迁乾坤之广，其意之重，当不必言。咪因终日学习洒扫应对之礼，写书作文之术，故借新生之意，作稚嫩文章。本应藏拙为幸，却不得不拿出，以求指教，难免挂一漏万。故立此本于生日，以自我嘲之。"这篇日记是由生日而感，有感而发，所感所发有写作之事，也有其他之思，足可见出其日记的特色。

老咪上学途中所观，也记入日记："咪之离家甚远，诸多时光费于车上。咪只得在途中看云观草。咪每见异彩纷呈、云蒸霞蔚之圆苍，雨余芳草、花落红堤之大块，便发浩叹：伟哉自然。挥鞭策驰四运，操纵万物不歇。春来秋往，观云看草，眼目之昏瞶、心脾之困结尽皆遗尽。"

中小学时期老咪的日记，均以文言文的形式写成，不作无病呻吟之状，实记自己的所见所闻所感，而且个性突出，神采飞扬。

其他方面的写作也是如此，甚至考试时的作文，也是下笔成文，无须预先列好提纲，突出一个什么中心。在老咪看来，写作是人的感情与思想的自然而然地流露，它能流到哪里就流到哪里，能流出什么东西就流出什么东西，不要有意地压抑它，或给它定个条条框框，本来是那么纯真、那么烂漫的东西，让它变得很腐朽、很成熟，就失却了那种最珍贵的精神。尤其是有故事情节和想象性的文章更是如此，其故事情节何以推展，结局将会如何，这是连作家本人也难以预料的。

当然，老咪也并不是不追求写作的艺术形式，只是这种追求是自然而然的。她不满足于流水账式的描写，总是寻求一种最佳的表现方式。她认为，她看过的事物不是一般人看过的它的外在形态，而是被缪斯以泪浇过的富有灵性与内涵的事物，所以灿烂若星，奇妙无穷。艺术家往往为眼前的自然骚动起来，不再安于用古老的方式倾吐，无数平平仄仄，架起世界的风铃；无数类似十四行、彼得拉克式、俳句、史诗的方式拌成混凝土，将艺术家的心灵做支撑的钢筋，筑就文艺的殿堂。

老咪当时对一些中学生的崇拜偶像大不以为然。不见了福楼拜、莫泊桑，逃走了海明威、巴尔扎克，消失了歌德、席勒，更不用说尼采、黑格尔，有的却是一群群歌星，不知道这如何对得起“崇拜”二字，又如何与文豪们相媲美。老咪对此常扼腕长叹，而且认为江山代有人才出，艺术更需要感情的爱，并要现在便行动起来，去把握世界，创造世界。她曾充满信心地告诉笔者：“终有一天，我们中国人也会以其划时代的作品及其非凡的语言，登上诺贝尔文学奖坛！”

爱：发乎自然，扩及万物

一个人学习与事业的成功与否，往往与其思想境界的高下密切相关，甚至起着决定性的作用。王辉湘便特别注重老咪美好品德的培养，从而使老咪的思想素质得到了全方位的提高。

王辉湘的思想教育不是空洞的说教，而是结合老咪的性格特点和生活

实际，进行自然而然的爱心教育，尤其从爱父母、爱师生，甚至爱动植物与事上万事万物开始，使其成为充满爱心、关心他人、关心集体、同情弱者的人格完善的人。

要让孩子爱心永驻，首先家长要有爱心，这样才能在潜移默化中产生作用。这种爱的教育，王辉湘从老咪刚刚生下来就开始了。老咪刚一问世，便窒息昏迷没有哭声，在医院温箱里生活了半个月。王辉湘为挽救这个小生命，全力以赴而又心力交瘁，但他相信老咪可以活过来，相信老咪能够健康地成长。王辉湘的爱心与努力产生了奇迹，老咪走出了危险期，而且长得愈来愈健康，与爸爸的感情愈来愈深厚。老咪上幼儿园时，便写了一首充满着感情的诗《童年的根在温箱里》。她读给老师和小朋友听，老咪泪流满面，他们也都泣不成声。因为她从父母那里听了这段经历，感受到这份伟大的父爱与母爱，铭刻心中，并用这份爱去回报父母与社会。

王辉湘夫妇由于工作紧张，后来将老咪送到了乡下她的外婆家。老咪一岁多时，王辉湘赶到乡下去看她。当时老咪满身是土，正坐在院子里一领席子上。王辉湘心中一阵悸动与不安，马上将她抱起来，奇怪的是，老咪立刻感受到了这种父爱，一次又一次地亲吻着王辉湘，并形影不离地跟着他，将她认为最好吃的东西全部拿来给他吃。王辉湘不容分说，将她抱回济南，工作再紧，他也要每天见到自己的女儿，每天给她父爱，每天感受女儿所给予的最美好最动人的爱。

王辉湘关心老咪的生活、学习，更关心她的感情，她的思想。他与她在心底交流感情，是父女，更是亲密的朋友。这种深厚的父女情结，融化在平时的生活中，也融化在她的诗句里。王辉湘调往青岛电视台工作之初，老咪还在济南就读小学。一个下雨天，老咪打着伞送爸爸去泉城火车站，泪水和着雨水在流淌。王辉湘说："老咪，只要我们生活在同一个地球上，就离得不算远，相见的时日便不会太长。"老咪点点头，望着爸爸的背影在雨中渐渐逝去。对爸爸的思念之情，在老咪的心中激荡，回家之后，立即写诗一首，题为《流过的水》："洒泪相送／背影飞出眼中／清晰的雨／如今迷迷蒙蒙／打开电灯／看看水的行踪／似在眼前／又远在天边／让我如何跟从／我早已懂得了／流过的水像洪钟／你听，你听／听……"晚上，王辉湘从青岛打来电话，老咪将这首诗读给他听。王辉湘听着听着，泪水不由自主地夺眶而出，即便是以后每每读起这首诗，也足以让王辉湘潸然泪下。他感到自己的女儿读懂了爱，自己的爱有了最真诚的回报。

王辉湘教育老咪不仅要爱自己的父母，而且要爱自己的老师和同学。老咪读懂了爸爸的话，也解读了爸爸的心。她爱自己的老师如父母，爱自己的同学如兄弟姐妹，特别是一些有困难的同学，她所给予的爱更是无以复加。老咪有一位同学张M过生日，她妈妈去了美国，爸爸迟迟没有归来，只有老咪去陪她。老咪为张M写了许多诗，如《杏树——写给旧友张M》《想念M》等，表达了一个善良纯朴的女孩对困难中的同学的思念与关心，谱写着一曲又一曲爱的赞歌。

开学第一学期，老师因老咪回答问题积极与作业完成得好，给了她许多五角星，以示鼓励。她珍惜有加，一一贴在日记本上。9月10日教师节前，她将对老师的一份敬意与爱心，写成一首题为《星星里的爱心》的诗，并在庆祝教师节的全体师生大会上朗诵："天空是一张白纸/老师发给我的红五星/我就挂在那里/红五星每天都在发光/它的光亮比太阳的光亮还要温暖/温暖得就像妈妈的胸怀/在红五星里面/可以找出多少份爱心呢/那些爱心每天都在散发/就如鲜花的芳香一样。"全体老师听后都惊讶不已，也激动不已。一个刚入学的小女孩，将老师对她的无私的爱心与关心，以及她对老师的一份真诚的爱，珍藏在心底，也流溢于笔端，似自然流淌的水，情真意切。

老咪的爱心还辐射到动植物身上，并将它们视作有生命、有感情、有灵性的东西，同情它们，爱护它们，关心它们。她从来不吃小猪、小乳鸽、小兔子等小动物的肉，宁愿饿着肚子，因为她认为吃这些东西简直是一种残忍的行为。

一天夜晚，老咪睡意蒙眬中听到外边传来猫的声声凄厉的哀号，她感到这是一只没了亲人无家可归的猫的哭叫，于是披衣而起，走到窗前，站了许久许久，为那声音流出许多泪水。她觉得自己也成了一只没了家、失去了亲人的孤独的猫，在四处流浪。老咪爱猫，胜过爱自己的生命。她家养过许多猫，她目睹了每一只猫的出生。小猫出生后发出的第一声叫声，总让她格外开心，就好像与它们一样开始了人生新的起点。

即便植物，老咪也认为上苍已经赋予其感情与灵性，可以与自己进行心灵的沟通。上一年级时，老咪住的院子里有许多耸入天际的白杨树，她每天放学归来，都要用温柔的小手去抚摸它们，并跟它们说悄悄话。有一天，她放学归来时，发现大人们为了盖房子砍伐了一排白杨树。她惊呆了，跪在地上，一棵又一棵地去触摸那倒地而又无声的树。她万分悲痛，摸完之后便坐在那里流泪，并一行又一行地写着诗句："木匠的斧再锋利/砍掉了你的树叶/锯断了你的枝干/可是却砍不掉你一圈圈积累下来的年轮……"在她看来，如此残酷的事情，却由人类去执行，这是多么大的悲哀啊！人们爱人，也要爱及万物。只有充满爱心的人，品德才能高尚。王辉湘为老咪的爱心而欣慰，而且不断地引导着她把这种爱心向深处、远处延伸。

心：宠辱不惊，平静似水

王辉湘不仅注重老咪的品德教育，而且注重老咪健康心理的培养。一个人，尤其是一个学生，具有良好的心理素质，对其终生成长都起着至关重要的作用。有了健康的心理，当下失败了，未来也能走向成功；如果失去了它，即使当下成功了，未来也一定会失败。

王辉湘对老咪采用了鼓励教育赏识教育的方法，借以培养其健康阳光的心态。他从来没有正面严厉地训斥过她，哪怕她犯了错误，也是循循善诱，以情以理说服她。对于她不应该做的事，应该做好但并未做好的事，他总是用鼓励的话，让她再次去做。这种带着爱心与鼓励的语言，使老咪在高兴之中认识到了自己的问题，改变了原来的想法，走进了"不贰过"的境界。

老咪上小学时，成绩大都名列前茅。偶尔考得不好，王辉湘也以鼓励的话语给她自信。一次，老咪数学考了95分，回家后很不好意思地告诉了爸爸。王辉湘听后哈哈大笑："不少不少，我还以为考了59分呢！"然后非常满意地告诉她："只要用功去学习了，得多少分都是取得了成绩。你如果不上学，休说95分，15分也得不到。所以，你要感到满意，感到高兴才对啊！"如果孩子回到家，本来考得差，心理紧张，感到内疚，父母再去严厉训斥，甚至动之以拳脚，势必使孩子的心理更加紧张，影响到孩子健康心理的形成，也必然影响到学习成绩的提高。

由于王辉湘长期的思想熏陶与老咪从读书中不断地吸取其精华，老咪对任何境况都始终以乐观待之。她认为即便考不上大学，只要有饭吃，也要感到生活一片美好。因为世界上有更多美好的东西需要人们去关注，和它们去交流，去对话。春天，那绿草与树叶是怎样一天天地舒展，那花儿是怎样一片片地开放，即便是有了虫蚀的有洞的枯枝败叶，都会在她心中被欣赏出无穷的乐趣。一个人，只要生活在地球上，就应当感到骄傲，就无须有更高的要求。老咪在日记中写道："好在老咪有好笑之癖，笑眼一缝，万事万物尽括其中。哪怕忧抵山重叠，愁量海深浅，亦可以笑待之。"这种健康的心理，为老咪的成长发展，铺平了广阔无垠的道路。

正因有了这种健康的心理，在任何场合，要老咪做任何事情，她都可以从容应付。老咪主张作为动态的人都要有一颗静态的心，她认为真正的静心，应当是宁静笼罩一切，极乐无拘无束地悸动着，和谐无边无际地弥漫着。静心者忘却了一切，无论投多少石子，静心依然如无瑕碧玉般的湖面，没有一丝波澜。这高远的境界到达时，除了尘，什么都消失得无影无踪。压力也好，轻快也好，失败也好，成功也好，老咪都可以笑待之。

老咪心理健康与爸爸的心理健康有着直接的关系。王辉湘培养了她的赏识爱心、解读爱心和宠辱不惊、平静如水的心理素质，而多数家长的溺爱不是真正的爱，所以，爱要适度，要恰当，这里面有教育学、心理学，乃至于哲学等大学问。

家长也是教育者，只有心理健康的家长，才能教育出心理健康的孩子。作为家长，要有爱心，有耐心，有热情，有修养，才可将自己的知识外化出来，将自己的孩子培养成有用人才。爱可以使人变得越来越豁达，人格越来越完善；心理健康则使人从快乐的此岸走向幸福的彼岸。

陶继新

初写于1998年2月，

修改于2016年12月

目 录
contents

第一部分 幼儿时期

第二部分　小学

第三部分　中学

第四部分　留学

第一部分　幼儿时期

女儿出生不会哭

我要做孩子的供应，爱护她，保护她。

下雨的时候
我窗前的白杨树哭了
它告诉我
下雨的时候
谁都会哭的
——《下雨的时候》（老咪 6 岁作）

济南的 5 月是一个多雨的季节。

女儿出生在一个中午。那时候我还是一名在职军人。当我去军区医院妇产科看她时，她躺在婴儿室的小床上，穿着一件蓝底碎花的小夹袄，手腕系个布条，上面写着妈妈的名字。一排婴儿床上有 20 多个孩子，只见其他婴儿都在闭着眼睛睡觉，唯独我女儿睁着眼睛，黑幽幽的眸子，静若深潭，若有所思的样子。

我的目光看到女儿的那一刹那，心就像被宇宙间最强大的力量撞击了一下，像闪电在茫茫的夜空里一划，说不出的激动和惊奇。当时就不由自主地冒出了一个念头：我要好好地爱我的女儿！

第二天一大早，我给妻子做好小米稀饭、鸡蛋等早餐，急急忙忙地来到了医院。可是，我看到妻子面有忧戚，眼含泪水。我就赶紧问："怎么了？"

妻子说："你先去看看孩子吧。"

来到婴儿室，护士问明了我是谁后，她告诉我说："你女儿有点小情况，现在把她放在温箱里，要特别观察。"

我急切地问护士："怎么啦？那会怎么样啊？"

护士说："不要紧的。"

护士带我来到婴儿室中间的一个温箱前，小声地给我说："不要弄出声响来，孩子怕惊吓。"

我紧张地站在温箱前面，把腰弯下来，想看得更清楚一些。我的衣裳扣子突然碰了一下温箱的玻璃，女儿便猛地一惊。

我找到医生，医生给我详细地介绍了孩子的情况，她说："你女儿是早产儿，生下来只有五斤六两，体质很弱，并且脐带绕颈三周，还被羊水呛着了，到现在也不会哭。"

医生又安慰我说："你不要着急，我们会把孩子看好的。"

每天一大早，我都是急切切地骑四十分钟自行车跑到医院，给妻子放下饭，就去看女儿。可是，一天天，女儿并没有好转的迹象。

等其他的产妇都抱着自己的孩子回家的时候，医生告诉我说，也让孩子的妈妈先回家吧，孩子需要在医院里慢慢地治疗。

我和妻子的心情都沉重起来，不断地问医生："医生你说实话，孩子会怎样呢？"

医生说："情况的好坏各占百分之五十，但我们会尽百分之百的力量去医治。"

我把妻子接回了家，极力地安慰妻子，说女儿是个很不一般的孩子，不会有什么事的。妻子只是默默流泪。

那天夜晚，天突然下起了大雨，雨声大得把世界上的一切声音都湮没了。听着雨声，我在想：今夜的大雨是什么意思呢？心里在默默祈祷。

第二天早晨，大雨停了。马路两旁的树木郁郁葱葱，空气也特别地清新宜人。我依然急匆匆地来到医院，慌慌张张地就往楼上跑。妇产科的门卫不让我进，说时间不到。我焦急万分，很气愤地转头向他呵斥："什么时间不到！"

门卫看我的目光如火，赶紧退避三舍，没再阻拦。

还没有满月的老咪

医生看我每天都是那样紧张急切而忙碌，照顾产妇，担心孩子，说："你这个当爸爸的，真感动人。"

医生跟我说，他们现在和小儿科医生一起为我女儿治疗，小儿科的主任也亲自过来，因为现在不敢挪动孩子。

医生为我女儿治疗可是费了力了，孩子头上的血管细得如线，每次扎针都紧张得出一身汗。

我很感激，一再向他们表示感谢。但我还是忍不住地问："现在孩子的情况怎样了啊？"

医生还是那样谨慎地回答："有百分之五十的希望吧，我们会尽力的。"

一天又一天，我和妻子的心，就如同被头发丝系着悬挂在刀刃上……

半个月过去了，医生告诉我们，孩子已经好了！可以把孩子接回家了。

虽然看到女儿睁着明亮的眼睛，我依然不敢相信她完全好了。我问医生："她能哭了吗？"

医生用手掐了一下女儿的脚心，女儿一下子哭了出来。我第一次听到女儿的哭声，惊喜的同时，突然又很心疼。

我们把孩子接回了家。

又一场大雨之后，院子里的月季花开得特别绚烂。一朵朵刚刚绽放的鲜花，上面挂满了晶莹的水珠，艳丽极了。我剪下几枝鲜花，要插在女儿的摇篮旁。在那一刻，我的心里充满了一种天下无比的幸福感。这种幸福来得多么不易啊！我的心突然非常感动，我想，女儿就像这鲜艳的花，我就是那花的枝和叶，我要做她的供应，直到自己干枯。

编辑旁白：斯托夫人认为："伟大始于家庭。"年轻家长要准备足够的爱与关怀。作者初为人父就遇到突发情况，可他承受压力，照顾、安慰妻子，对孩子全心挂怀，爱与感恩，殷殷之情见于字里行间。相信这个爸爸一定会给家庭和孩子构建一个很好的精神底子。

婴儿是父母的老师

我要做一个合格的父亲，让孩子保持那份纯真和美好。

突然从远方
走来一个渺小的物体
那就是我
——《黄昏》（老咪 7 岁作）

自从我把女儿抱回了家，我们那个小家从此就和以前彻底不一样了。

孩子虽然很小很小，可是她的那种能量却充满了整个屋子，不对，应该说是充满了整个世界。因为自从有了孩子，我走到任何一个地方，任何一个角落，都感觉到有一个孩子和我在一起。我的女儿，她无处不在。可是，我又知道女儿是个很小的小不点，她就躺在家中的摇篮里。所以，女儿好像有一种巨大的力量，不论我离开她多远，那种力量都拉着我快快回到她的身边。

我每次下班之后，或者外出归来，就赶紧去到女儿身边。女儿躺在那里，脸蛋红红的，粉嫩粉嫩，整个小身子也红红的，粉嫩粉嫩。看着女儿的样子，我就想起了小时候在农村见到过的“地瓜儿子”。

每年春天，生产队里都要拿出头一年留下的种结实饱满的地瓜，种在暖和的地瓜炕里培育地瓜苗。经过一茬茬地剪下地瓜苗栽种在地里，最后，地瓜不能再长出苗来了，人们就开始刨出那些地瓜。我那时虽然很小，也跟着母亲去刨。刨出来的那些大地瓜，已经是枯黄衰朽的样子，可是，在它的身边，却生出了一个或两个红润润的小地瓜，被一条红红的根连接在老地瓜的身上。母亲告诉我，这是“地瓜儿子”，那些老了衰朽的地瓜是“地瓜母子（母亲）”。看着那两种地瓜，我的心里就有一种感动，我觉得我就是那“地瓜儿子”，母亲是那“地瓜母子”。

如今，当我看着小小的女儿，我又想起了那一场景，我觉得孩子是新鲜红润可爱的“地瓜儿子”，我就是培育她的“地瓜母子”。

我好像突然明白，大千世界生生不息，万事万物都有自己的“孩子”，所有的“孩子”开始都依附母体成长。小狗和小羊刚生下来时都没有牙，需要妈妈喂它们奶；新生出来的豆子和玉米粒都还是一点嫩嫩的汁，还需要根茎枝叶供给营养。“父母”提供的养分充足，环境良好，幼小的生命体就会蓬勃而茁壮。动物和植物都有一套照顾和供给孩子的方法，鸟妈妈领着小鸟练习展翅，大狮子带着小狮子追逐咆哮——父母会对孩子带来影响：“我”怎么样，就会造成孩子怎么样！——这是一个非常重大的问题！

那么，怎样做才有利于孩子呢？

孩子的降临，是了不起的神迹，任何一个孩子都具备巨大潜能，如果父母能够提供良好的环境，孩子就会健康快乐地成长，否则，可能会因为父母的失误而影响了孩子的成长和未来。

婴孩在思考什么，他最需要什么，我们一时难以把握。因为我们自己的婴幼儿经历全都不记得了。当我们记事的时候，已经沐浴在凡俗的尘世之中了。所以，大人不懂孩子的心，很多父母往往不是根据孩子的需要提供帮助，而是根据自己的梦想给孩子设计未来，然后自信地强加到孩子身上。

我想，我不要做世俗的爸爸，要做一个合格的父亲，我要让女儿健康快乐地成长，让她永远保持婴孩的纯真和美好，发展孩子的天赋与灵性，而不是用尘世的功利影响了孩子。

婴孩的作用多么神奇！我看到女儿的眼睛清澈明净，我的心就会澄清下来。成长中的孩子是我们的老师，是我修行的宝典。我要与女儿一起成长，让自己重新变得美好起来。她可以使我补上人之初最美好的功课，因为婴孩时期的“我”被我忘掉了。

编辑旁白：自然界爱的传承，生命的延续唤起了爸爸内心的感动和责任感，以及对爱的思考。孩子那么纯真而美好，要让她健康快乐，不要功利教育，同时，还要修复自身的美好，与孩子一同成长——这是以后父女相处的思想基础。

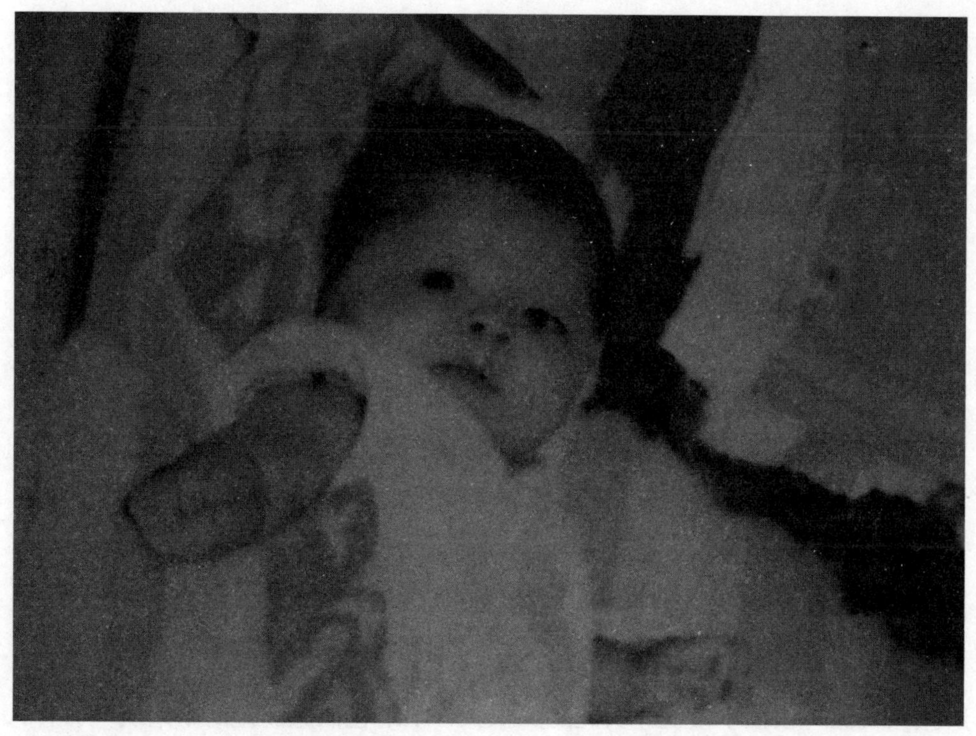

老咪还没有满月

哭声里的秘密

我就这样如履薄冰地来看护着自己的女儿。

夜静了
鸟都飞回到它孩子的身旁
甜甜地睡了
只有星星们
在等待着明天的歌声
——《夜》（老咪 7 岁作）

自从有了女儿，我真是高兴极了。

我每天看她的小样子，她是那样小，小小的手，小小的脚丫，一个个脚指头就像一颗颗小樱桃。女儿的头很大，眼睛也很大。她的眼睛明亮有神，我看着她的眼睛，总觉得她在思考着什么。她到底在想什么呢？

在女儿的眼光面前，我感觉无能和惭愧，我发觉女儿的眼光单纯得几乎没有任何内容，又好像丰富得无边无际。我展现给女儿的我的面容，我拿到女儿面前的各种玩具，还有种种的物品，让我觉着就像献给天使的礼物，因为沾染着凡俗而感到羞愧。可是让我感动的是，我拿到女儿眼前的任何东西，她都接受，而且予以欣赏。

我用录音机录下了她咿咿呀呀的声音，一遍遍地播放，那声音给了我无限的灵感。

等女儿长到快两个月的时候，她突然变得很爱哭了，而且是喜欢在夜

里哭。她哭的时候是那样地突如其来，好好地，猛地就开哭了起来，犹如被针扎了一样。老哭，老哭，哭起来没完。

我和妻子十分紧张，天明的时候就赶紧抱到门诊部去找医生。医生反复检查，说好好的，没什么。

既然没生什么病，你哭什么呢？我们实在研究不透。

俗话说“对症下药”，没什么“症”，怎么下“药”呢？没有别的办法，半夜女儿再哭的时候，我就起床抱着她。还哭，我就抱着在房间里来回走动。这一招果然灵，她不哭了。

可是，我必须一边抱着她一边来回走动，我一停，她就哭。

我发现，在我抱着她走动的时候，她脸上露出了高兴和奇异的表情，她的眼睛一会看这，一会看那。尤其喜欢墙上挂着的一幅泰山风光画，女儿一看见那张画就笑，笑得妻子很紧张。

妻子说：“女儿为什么看到泰山就笑呢？不会是泰山老奶奶再把她给要回去吧？”

我说：“别胡思乱想，女儿是高兴。她希望我抱着她玩，希望我来回地走动，好能看到她想看的东西。”

既然这样，当爸爸的就好好地为女儿服务吧。我几乎是天天半夜里起来抱着女儿在屋里游览。一圈一圈，边走边掂，女儿好像坐在一辆很舒服的车子上，观望着她看到的一切。那时，我很好笑地想起了《关尹子》中一段话：“曰：以盆为沼，以石为岛，鱼环游之，不知其几千万里而不穷也。”我抱着女儿也是这样“环游之”。

带女儿虽然辛苦，但更多的是快乐。转眼之间，秋天来了，天气凉了，有越过寒冷的霜夜往南飞的大雁，不时地丢下一两声凄厉的鸣叫。我依然在半夜披上军大衣，抱着女儿在屋里转悠。我看着她转转悠悠、四处观望的眼睛，心里高兴，也就把双腿的酸累忘掉了，我的确觉得很有意思。我妻子起来想代替我抱，我从来不同意，妻子认为我很了不起，是个好爹。

妻子说：“这是什么样的孩子呢，成天半夜里哭。”

我说：“肯定是她觉得自己出生时，半个月都没哭一声，现在想补回来。并且要不哭则已，一哭惊人！”

其实，是女儿睡觉睡颠倒了，她白天睡得多，晚上就只好玩了，我又顺应了她的这种习惯，所以就积重难返。

让我乐此不疲的原因是，夜晚很静，女儿能精心地观察房间内的一切东西；我则可以静心地观察女儿。我一边抱着女儿一边观察她种种的神情变化，看到她的眼神和面容都在随着她感受到的东西而有所不同，我就想：这多奇妙啊！一个很小的孩子，一个很小的生命，原来如此丰富！

虽然是才几个月大的孩子，她应该是会思考了。大人若能顺着孩子的注意力观察下去，会发现很多生命的奇妙。

在大人看来微不足道，甚至是视而不见的很微小的东西，孩子都会聚精会神地看着它“思考”。女儿五个月的时候，坐不稳当，我们用被子裹着她，让她坐在床头玩。我发现她很专注地在用小手玩自己胸前衣服上的小线头，她一边用手抓那个线头，一边不时地发出高兴的笑声。

一个很小很小的孩子，她已经开始学习研究她观看的事物了，不是大人在教育她什么，而是她要对来到她面前的事物进行“研究”。她看一件东西的眼神是十分专注的，好像她会沿着那个东西走很远很远，她得到了什么样的结果，只有她自己知道，她身边的父母或者其他人也不会在意她灵魂深处的活动，对于孩子的那些行为，大人只不过看到了个表面，只会有十分浅显的认识。

然而，这却让我非常担心，我该拿什么东西放在女儿面前呢？因为我拿给她什么，她就会“研究”什么，“学习”什么。有觉悟的人说：“一粒沙里看世界，半瓣花上说人情。”她初来乍到这个世界，这个人间，哪一样不让她惊奇呢？她就是从任何一件细微的事物上去“探索”这个世界、去感受那些人情的。

我想，随着女儿的渐渐长大，她会看到这个世界上无数的事物，随着女儿接触范围的扩展，她会感受到更多人情的变化。问题是，我该怎样去很好地帮助女儿呢？我若能顺着她的眼光，寻找她心灵的轨迹，给她提供营养，当好助手，这一定是非常正确非常重要的事情。

在女儿坐在床上专心“研究”自己衣裳上的线头的时候，我悄悄地出去提水了。等我提水回来的时候，女儿正伤心地哇哇大哭，原来她发现爸

爸不在了。我赶紧说："别哭，别哭，爸爸回来了！"看到爸爸回来了，女儿便止住了哭声，重又高兴起来，只是微笑的脸庞上还挂着泪水。

这让我感觉到，孩子的感情也是很丰富的。一个婴儿虽然不懂成人世界里的所谓是非对错，但是她对事物的判断有一个标准，就是快乐和痛苦。对于感觉到快乐的事情，孩子就会发出甜蜜喜悦的声音，或者露出满意的笑容，对于感觉痛苦的事情，就会哭闹。

我知道自己应该怎么做了：首先我要让孩子快乐。我要小心翼翼地呵护和引领女儿，不要让我不好的思想、不好的情绪、不好的行为影响了孩子。

可是，作为成人，我有那么多毛病，那么多缺陷，不论我怎样注意，也一定会传染给孩子的。我觉得，一个忘却了童年纯真的父亲总是会对不住自己的孩子的。

我就这样如履薄冰地看护着自己的女儿，守护天使般地守护着自己的女儿。

编辑旁白：爱，在孩子早期，就等于陪伴，高品质的陪伴。女儿夜哭，父亲耐心安抚，还乐在其中，这是一个了不起的父亲。心理学分析，孩子的原生态家庭及其与父母最初的相处模式，统领着孩子在今后漫长的一生里对世界的基本视点。相信在这个孩子的心灵深处最原初的一幅图景一定是温暖安全而美好的。

断奶，送到乡下外婆家

伤心无助是对孩子的最大打击。

一个刚出生的孩子
大模大样地走在集市上
她的妈妈是花
长得雪白雪白
她的妈妈把自己的孩子养得又白又胖
——《青苹果》（老咪 7 岁作）

自从有了女儿之后，我感觉到小孩子吃奶是很奇妙的一件事情。

我养过好几种动物，对小动物的吃奶，我仔细地观察过。小羊一生下来，等妈妈把身上的羊水一舔干净，就摇摇晃晃地去妈妈的肚子下面去找奶吃。小羊吃奶常常吃得两个嘴角全是白色的奶汁。

小猪吃奶的样子也可爱，有的小猪嘴吃着一个奶头，还用身子挡着另外的奶头，好像怕被别的兄弟抢去了。在吃奶的问题上，它们都很有心眼。

女儿吃奶的时候，是那样幸福和陶醉，一边用嘴吃着，还一边用小手抓着，眼睛满溢着喜悦。有时，孩子的妈妈故意把奶水滋到女儿的脸上，女儿却是高兴地发出了笑声。

我发现在所有的哺乳动物中，包括人类在内，“孩子”吃奶时的幸福和满足感，都是一样的。

妈妈的乳汁真是生命的琼浆。吃着妈妈的奶水，女儿在不知不觉中就

老咪7岁画

长得很大了。妻子的产假也到期了，要回到单位上去上班了。

从女儿出生之后，只有我和妻子两个人看孩子。实际上也很好，住在一间小房子里，我去上班了，妻子就一边看孩子，一边洗衣裳做饭，等我下班回来，再一起讲女儿的故事。

可是妻子上班之后，事情就难办了，没有老人替我们照顾孩子，一时也请不到人帮忙。为了不影响妻子的工作，在女儿十个月的时候，我们准备把女儿送到千里之外的姥姥家去。

于是，我们就先想办法给女儿断奶。断奶的过程真的是很“残酷”，让人很心疼。我看到孩子失去了吃奶的待遇，她是那样地焦虑不安，她在寻找，忍受饥饿。

我们为给女儿断奶想了个办法，用紫药水把奶头染紫了，让女儿知“紫”而退。女儿吃奶的时候，发现奶头成了紫色的，就用奇异的目光看了又看，然后就用自己的小手指头去掐。我们告诉她，奶水苦了，不能吃了。女儿不相信，她坚持不懈地用小手使劲地往下掐那些紫色。

女儿用小手掐了好长的时间，那紫色总是掐不下来，她就停下来，然后很伤心无助地大哭起来，一边委屈地吃着替代品。女儿的哭声让我们的心也酸酸的，很不忍心，然而，我们还是狠心地给女儿断了奶。

由此我想到，伤心无助是对孩子的最大打击。我很惭愧当时没能深刻地体会到女儿的那种感情，她是用了多大的痛苦和忍耐度过了那个断奶期啊！

渐渐地，女儿不再想吃奶那一件事情，她学着慢慢地去吃大人给她的其他食物。看到女儿已经成功地断奶，在女儿还不满一岁的时候，我们就把她送到千里之外的姥姥家去了。

当女儿在姥姥家过了四个多月的时候，我心里总是感到不安，觉得需要赶紧去看看女儿。

正是三秋大忙的季节，农村里一片忙乱，我回到了老家。进门就看到女儿坐在院子里的一领席子上，身上满是尘土。她姥姥在一旁干活。

让我惊奇的是，女儿看到我十分高兴，好像她还认识我。我蹲到她的面前，让她叫爸爸，她就叫“爸爸，爸爸”，虽然声音轻轻的，但是那样地坚定不移。

女儿站起来，用还不稳当的脚步，去拿玉米给我吃。我非常感动，我想，她怎么还记得我是她爸爸呢？父女之间肯定有一种常人无法破译的联系，那是灵魂中的联系。

自从女儿见到我，一连几天，她再也不找别人了，时时刻刻依偎在我的身旁。我感受到女儿对我的依恋和亲近，觉得幸福而踏实，同时心中涌上一丝心酸：孩子当初突然离开了我们，不知道有多难过，我想起她断奶时的伤心无助，当即决定，就算再辛苦劳累，我也要把女儿带在身边。我回部队的时候，就把女儿带回了家中，想办法请了个保姆来看她。从此，我与孩子更加相互依恋。

编辑旁白：再苦再累也要自己带孩子，要舍得把时间花在孩子身上。在此为作者及时带回孩子而点赞。相关研究表明，婴孩时期是安全感形成的最关键时期，婴孩与父母在一起，有助于孩子建立良好的依恋关系、安全感和自信心。如果客观条件只能由隔代的祖辈抚养孩子，父母也不能缺位，要保持沟通和主导教育。

书香熏陶出来的孩子

晚上坐在床前给女儿读书，我整整读了十年。

九条龙拉着一辆太阳车
车子里坐着一个
披着长发的女孩
她要走遍东
走遍西
走遍四方
——《太阳车》（老咪6岁作）

我从老家把女儿接回来后，女儿快一岁半，会说很多话，而且发音清晰。于是，我就成天地和她一起说话。女儿很喜欢听我讲故事、读童话，她很入迷，多长的时间也不烦。

我发现，几乎世界上所有的孩子都喜欢听童话，都迷恋那些童话中的人物。试想，哪个孩子不喜欢《白雪公主》、《卖火柴的小女孩》的故事呢？

看到女儿陶醉在童话里，总是在想：孩子为什么这么喜欢童话呢？仅仅是因为她是个孩子吗？因为孩子天真，才相信童话里的故事吗？因为孩子幼稚，才被童话中的人物感动吗？

不是。我们如果认真地读过安徒生、格林兄弟、王尔德等人的童话，就会发现好的童话都是赞扬善良和美好，批判恶劣和丑陋的。童话作者都是用悲天悯人的情怀，用人间宇宙的大爱，来讲述一个个动人的故事，构筑一个神奇美好的境界，让人们流连其中。可以说，童话是用爱心建筑的城堡。

然而，进入这个用爱心构筑的童话城堡，需要有一颗大爱的心，一副圣洁的灵魂和一双无邪的眼睛，孩子是最符合这些条件的，所以他们最喜欢童话。孩子们像纯洁的天使飘落在这个“人”的世界，可以说，童话是上帝在这个世界上为孩子预备的最好的礼物。

我给女儿读了无数的童话，最大的收获，就是培养了女儿的共情能力，女儿对世界上的万事万物都充满了爱心。当然，也从童话里学到了信心和坚韧。

安徒生的童话《坚定的锡兵》是我女儿很喜欢的一个故事，小小的锡兵虽然仅有一条腿，但是他却十分勇敢，非常坚强，而且还有爱心。女儿多次为小锡兵坎坷的命运而流泪。女儿的泪水总是也让我心酸，让我和她一起对小锡兵表示同情和赞赏。我和小小的女儿一起，为那些悲惨的小人物而伤心流泪，为那些坏家伙而气愤发怒，为惩恶扬善而欢喜。

在给孩子读童话时，我自己也常常深受感动，很多耳熟能详的故事我好像是初次相逢，孩子会随着我的朗读进入情境，受到感染，充满感情。

除了读童话，我们还读诗、科普图书等等。白天一有时间女儿就让我给她读书，晚上她要睡觉的时候，我坐在床前给她朗读。有时我以为女儿睡着了，就悄悄地停止了读书，女儿马上就问一句：“怎么不读了？”我就再继续读下去。直到女儿踏踏实实地睡着了觉，我才敢停止读书。

从女儿一岁到十一岁期间，晚上坐在床前给女儿读书，我整整读了十年。

编辑旁白：很多教育专家认为为孩子朗读是当今最有效的教育秘诀。一位名人说：“你或许拥有无限的财富，一箱箱的珠宝与一柜柜的黄金。但你永远不会比我富有——我有一位为我读书的妈妈。”看到这，孩子有一个为自己朗读十年的爸爸意味着什么，你一定心中有数了。

听爸爸讲那过去的事

人物动物、山川草木都能牵动她的喜怒哀乐。

爸爸，你还愿意
再享小时候的欢乐吗？
到明天，我带你一起
去放羊
——《爸爸，你听我说一句话》（老咪 7 岁作）

女儿是一个情感丰富的孩子，她热衷于听我讲小时候的故事，神情专注，并参与其中，深受感染。我故事中的人物动物、山川草木都能牵动她的喜怒哀乐，她很注意细节，追根问底，能抓住关键问题发表看法。

我给女儿讲我的小羊的故事。

小羊非常坚强，刚生出来的时候，等它妈妈一舔干净它身上的水，它就想站立起来，可是摇摇晃晃总要摔倒，摔倒之后又摇摇晃晃地站起来，然后就摇摇晃晃地到它妈妈的肚子下找奶吃。

小羊稍微大了的时候也是可爱的，它们跟着妈妈到河湾里吃草。那时它们的牙齿还没有长出来，不能吃草，只是跟着妈妈看妈妈吃草。它们蹦来跳去地围绕在妈妈身边，光想趁妈妈不注意的时候去偷奶吃。羊妈妈很不高兴它们不按时吃奶，就用头把它们抵到一边去。

小羊再大了的时候是最调皮的时候，因为它们不像妈妈一样被人用绳子牵着，它们是自由的孩子，它们走路总是走险要的地方，喜欢跳到沟沿上走。它们要抵架的时候，总是又勇敢无惧，又讲究规矩。两只小羊要开始抵架了，它们先走到一起，轻轻地把头碰在一块，然后各自向后退去，退到一定的距离，它们突然加力向前奔跑，两只羊头就重重地碰在了一起。它们谁也不服气谁，来来回回，要较量很多次。最后，总有一个弱者败下阵来，掉头走开，不再恋战。胜利者也不会去追赶。

我跟女儿说，这是多么文明的战法，古时候的人打仗也是这样，“不鼓不成列”。可能以前的古人是跟着小羊学的。

女儿问我：“爸爸，现在的人打仗还跟小羊学吗？”

我说：“现在的人不那样了，他们都学聪明了，他们要趁别人不注意才去打。叫‘出其不意，攻其不备’。”

女儿说：“那学聪明了不就是学坏了吗？”

我听了觉得很有意思，就笑着说：“对对对，有时候学聪明了就是学坏了！”

我给女儿讲我小时候搂着小羊睡觉的故事。

秋天，豆子割过后，豆地的豆叶就被人用筢搂起来。搂豆叶时，有很多青草也一起被搂进来了。豆叶的香和青草的香混合在一起，真是很好闻。

娘用豆叶给我们铺好新床，豆叶上再铺上新编的高粱蘼子席子，人躺上去，又软又香，心里会感受到一种人世间最大的温暖。

身子下面是柔软暖和的，但是破旧单薄的被子还是很难抵挡身上的寒冷。娘就给我抱来一只小羊羔，放到我的被窝里。小羊羔躺在我的胸口前，呼吸的热气很快就把被窝给弄热了。小羊羔是一个活的取暖机！

可是，小羊的妈妈却是很不情愿，一个劲地叫唤，想让它的孩子偎着自己睡。我却不管它，小羊一抬头，我就把它给摁住。大概小羊羔也觉得被窝里很暖和，慢慢地也就喜欢在被窝里睡了。

常常睡到半夜，小羊睡得热了，就挣脱开，跑出去找它的妈妈了。

然而，我也已经睡得很暖和很深沉了，不知不觉之中天就亮了。红红的阳光从窗棂子上透进来，告诉我新的一天又开始了。

因为女儿夜晚都是我搂着她睡觉，女儿就说：“我现在是不是也和那个

小羊羔一样暖和呀？”我笑着说：“是的，比小羊羔还暖和呢！”

我还给女儿讲豆地里的蝈蝈的故事。

豆子刚冒出瓣来的时候，豆地里没有蝈蝈；豆子的枝杈上开满了白花的时候，豆地里也没有蝈蝈；等到豆叶茂密地把整个地都遮盖住了的时候，豆地里会到处有蝈蝈的叫声。

蝈蝈的叫声很诱惑人，我们常常忘了割草而去抓它们。可是，你听着蝈蝈在那边叫，一到跟前，就没有声音了，人刚离开，它又叫了。我们就又忍不住去抓它们，把豆棵子翻来翻去，就是找不到蝈蝈的身影。

“那就永远也抓不到它们了吗？”女儿很着急地问我。

我说：“蝈蝈非常小心非常小心，有一点风吹草动，它都能发觉。人要比它更小心才能抓住它。秋天的时候，豆叶黄了，落得稀稀拉拉，蝈蝈在哪棵豆子上叫，人就可以看到，它躲藏也很难了，所以就容易抓到它了。”

“抓到蝈蝈干什么呢？要让蝈蝈干什么？”女儿很迷惑地问我。

我说：“也不让蝈蝈干什么，就是把它放在一个用秫秸蘼子编成的笼子里，听它的叫声。给它红辣椒和葱白吃，越辣它越能叫。”

女儿生气地说：“人真是很坏！”

我也同意女儿的观点，说：“人有时候会做很多的坏事。”

我给女儿讲小麦和高粱的故事。

我给女儿说，我小时候总是把小麦和高粱当成差不多的庄稼，因为高粱在一生长出来之后，就会和小麦差不多高了。当我仔细地去想一想的时候，才知道它们是不一样的。小麦是前一年的十月份开始耩上的，那时候是秋天的结尾，是冬天的开头，大人都这样说：“寒露两旁看早麦。”那时候天气很凉，全都收割完后的庄稼地很寂寞的样子，黄黄的土地上，只有几株还没有完全枯死的野菜在凉风里瑟瑟发抖。天上的大雁排着队一边鸣叫着一边向南飞，我们就在地上仰起头来看，看的时候就会不由地念出听哥哥朗诵过的课文来：“秋天来了，天气凉了。一群大雁向南飞，一会儿排成人字，一会儿排成一字。”那时候我特别傻，看着大雁就想：“它们哪排成

‘椅子’啊？”

女儿被我给讲糊涂了，她就问：“啊，大雁能排成椅子？为什么排成椅子啊？”

我就给女儿用笔写出来，并告诉她：“是‘一’字，不是‘椅子’。是我们发音不准才弄错了。”

我就又接着给女儿讲了声调的问题。女儿听完了声调的事，还没忘了麦子的事，就问我说：“爸爸，你不是讲小麦的故事吗？”

我就又接着给女儿讲小麦。我说：“小麦往外长的时候可好看了，原来是黄色的土地，特别是那些是坷垃地麦子，先有一些小麦苗悄悄地从坷垃缝里伸出来一个细细的绿尖尖，像怕什么似的。可能是一看，地上没有什么可怕的，过了一两天，它们一下子全都长出来了，把整个的黄色的土地全都变成了绿色的了。”

女儿担心地问我：“那小羊会吃它们吗？”

我说：“小羊当然喜欢吃它们了，可是不能让它们去吃。等到过了新年之后天暖和的时候，可以让小羊吃它们。”

女儿感觉着对小麦不公平，说：“不能让小羊吃它们，应该让小羊吃草才对。”

我给女儿解释道：“这时候不要紧，因为小麦正在长出更多新的叶子来，让小羊吃它们，还可以让小麦长得更旺。”

我接着又给女儿讲：“小麦的故事太多了，永远也讲不完。小麦很勇敢，它不怕寒冷，还喜欢有大雪盖在它身上。整整的一个冬天，小麦都静静地不动，等到春风刮起来的时候，它们都高兴地跳舞，就快速地长了。”

再后来呢？女儿问小麦生长的事。

我告诉女儿说：“小麦的一生，都充满了诗意，每一个成长的重要时期，农民们对它们的说法都很有意思，比如：发芽、分蘖、拔节、打苞、挑旗、秀穗、扬花、灌浆，等等。这些名称多有意思啊！”

女儿问：“你不是说还有高粱吗？”

我说：“是啊，高粱虽然种得晚，是春天的时候才生出来的，可是高粱很快就长得比小麦高了。高粱高、高、高、高，很快就高得和人一样高了。”

老咪在老家农村和羊在一起

女儿高兴地拍起手来为高粱鼓掌，说："太好了！太好了！高粱长高了！"

我问女儿："你知道高粱长高了会怎么样吗？"

女儿说："我不知道，它们会怎么样？"

我告诉女儿："它们会长出高粱穗子来，高粱穗子先是绿的，后来就变红了，后来就红得把整个的天空都照红了。"

女儿听得很着迷，我讲得也很高兴，我们完全沉浸在童话一样的世界中。在这个世界里，所有的植物和动物似乎都有了灵性，让女儿牵挂。

我有时候竟然迷糊了：是女儿回到了我的童年之中，还是我随着女儿重新进入了又一个童年呢？

编辑旁白：大量的倾听，无疑会加强孩子的思维能力和理解能力。本段中，父亲说的是与自己有关的故事，真实，生动，细腻。孩子与父亲沟通很好，初步体现了如下特点：1. 善良，情感丰富；2. 共情能力强；3. 注意力集中；4. 喜欢思考。

我是洋娃娃

我跟我的孩子交流，就像朋友。

不同的方式里
大家对你的深情相同
——《深情的问候》（老咪6岁作）

女儿喜欢听我读书讲故事，喜欢跟我说话，很小就爱问我各种各样的问题，我从不表示不耐烦，而是会表现出极大的兴趣，鼓励她多说多问。我通过她的表达去了解她，希望能够帮助她，让她快乐。因为我知道，孩子的世界大人很难懂，人的童年其实是一段孤独的岁月。

回想起来，我小时候会常常和小羊、小狗说话，和沉默无语的大黄牛沟通，还有很多动物都曾经是我知心的朋友。小孩子和很多东西之间的秘密，大人不明白也不关注，偶尔发现了小孩子的秘密，不但不理解，还会耻笑小孩子，或者制止小孩子。

我不要做这样的“大人”，我跟我的孩子交流时，就像朋友，而不是以一个父亲的身份。

我和女儿讲各种各样的故事，读书，我们还走到室外看各种各样的东西。反正是能看到的东西，我们都讲它的故事，都想想它们是怎么一回事。女儿对于所观察到的东西非常喜欢。

通过跟女儿聊天讲故事，我渐渐地了解、认识小孩子。她会看她能看到的东西，我从她的眼神里看到了她对于各种东西的神情，或惊喜，或迷

那时人们都叫她洋娃娃

惑，或恐惧，或贪恋。

她对于大人不以为然的事物，常常表现出无比的兴奋。任何一件东西，一根树枝，一块碎石，一张纸片，几乎所有来到她面前的事物，她都会好奇，都会喜欢。我想孩子的心肯定是化腐朽为神奇的一颗心，在大人往往不屑一顾的东西，在她那里都闪着奇异的光芒。

我想，孩子本来就像天使一样纯洁，又这样谦卑。他收敛起自己的翅膀，用摇摇晃晃的步子学着大人的样子走路；他用咿呀不清的声音跟着大人学话；他知道天下万物都是他的朋友，他只是显出非常幼稚的模样。大人，或者是孩子的父母，以为孩子什么都不懂，需要对他进行“教育”。殊不知一个孩子来到你的面前，正是一个天使来到了俗人之间，他想给自己的父母还有社会中的大人一个重新认知的机会吧。

我女儿快两岁的时候，她的头发呈圈圈样，到脖子根的半长发，下部都是往外翻卷的大波浪。我们院子里的大人孩子都叫她洋娃娃。

她很高兴自己是个洋娃娃，不论遇到什么事情，她都以洋娃娃自居。有一次在山中的草地上玩，她看见不远处有一群小麻雀在地上跳来跳去，她就跑了过去，快到麻雀跟前时，麻雀忽地飞起来走了，她边追赶边大声喊："小麻雀别跑，我是洋娃娃！我是洋娃娃！"可是，小麻雀还是飞到远处去了。

我怕女儿摔倒，赶紧追了过去。这时，女儿停下脚步，转过脸来，满脸泪水地问我："爸爸，我是洋娃娃，为什么它们还要飞跑呢？"

女儿的样子和疑问，也让我的心酸酸的，我说："它们飞跑，因为它们害怕你。"

女儿依然不解："它们为什么害怕我呢？"

是啊，小麻雀为什么害怕我们人呢？是什么时候，它们对人有了猜疑、恐惧和防备？

我和女儿一样迷惑，不过，我安慰女儿说："不要紧的，慢慢地我们会和小麻雀成为好朋友的。"

我常常想，如果要了解孩子，那就要和孩子有同理心，那样才会懂得孩子的一切言语和行动。我每天和女儿一起，一天到晚，见到什么就谈论什么。女儿常常问为什么。我总是很高兴地听她说话，认真地去解答她的问题，我们就像相互信赖的朋友。

女儿两岁多的时候问我："为什么我们说的话，有的时候和大人说的不一样呢？"

我悄悄地告诉女儿："你说的都很好！我再告诉你，你别给别人说：大人最大的错误，就是看不起孩子。"

听了这样的话，女儿和我一起都悄悄地、神秘地笑了起来。

一天，我们一起垒积木。女儿垒起了高高的城堡，五颜六色，漂亮极了。突然，她把积木推倒，问我说："爸爸，你说玩干什么（意思是为什么）呢？"

女儿问我为什么要玩。我一下子有点晕：是啊，为什么要玩呢？

吃饭的时候，女儿还曾问我："爸爸，吃饭干什么呢？"

我越想越觉得回答不清这些问题。女儿各种各样的提问让我思考很多，

我感觉到孩子的内心世界是非常博大的，每一个孩子都在思索大人不以为然的“问题”。我不能不懂装懂地去回答，更不能不负责任地搪塞过去。我觉得最可怕的是自己本来不明白，却以为自己明白，那可真是害了孩子了。

于是，为了回答孩子的问题，我就去寻找答案。以前我买过很多书，却没有好好地去看，为了回答女儿的提问，我只好去翻书，希望能从书本中找到答案。所以，是孩子促使我去学习的。

编辑旁白：西方哲学家认为人出生时心灵像白纸或白板一样，父母的初始教育对于孩子的影响极其重大。作者重视孩子的需求，保护孩子的纯真，引导孩子通过书本解决困惑，帮助孩子建立正确的认知，而不是把零碎干瘪的知识塞进孩子的头脑。

大自然是孩子成长的最好教材

草，还有小花，它们都住在土里吗?

今天我来到这里
看到花朵里面
藏着一颗明亮的星
——《水载落花》（老咪 8 岁作）

要让一个孩子有智慧，就要让这个孩子有兴趣和爱心。兴趣和爱心是打开世界奥秘之门的钥匙。

从女儿蹒跚学步的时候起，我们就一起对看到的事物进行“研究”，每当女儿问我一个“为什么”，我就尽力地想办法给予她一个最好的答案，当然，我一般情况是没有能力给予她最好答案的，只能引导她一起思考这个

事情。我也常常向女儿提出一些“为什么”，听听她的答案。孩子的答案往往很奇妙。

在我们所居住的大院附近，有一座很大也很漂亮的山，山上有各种各样的树木和花草，树林子里有很多种类的小鸟，草丛里有形形色色的昆虫，还有野兔子等小动物。那座大山就成了我们的乐园。

春天的时候，我和女儿一起观察那些从土地里冒出来的草，各种各样的草长着不同样的叶子，那些野花也开成不同的样子，不同的颜色，真是觉得奇妙。我们就想，是谁让草和花们成为这个样子的呢？

女儿约两岁半大时问我：“草，还有小花，它们都住在土里吗？”

我给女儿说：“是它们的种子住在土里，春天的时候，种子就开始生根发芽，就从泥土里生长出来了。”

女儿觉得很奇怪，就让我给她从泥土里找出种子来。我告诉女儿，要想知道种子，要慢慢地等待，等到秋天的时候，就可以看见种子了。

秋天的时候，我又和女儿一起到山上观察草和花的种子。

种子有很多种类，让我们觉得很有意思。我对女儿说：“这些种子可好玩了，它们的妈妈都给了它们很大的本领，让它们到别的地方再去生长。等到又一个春天的时候，春雷一响，春风一刮，春雨一淋，它们就开始往外长了。”

女儿听得很出神，还没忘了问我：“爸爸，它们的妈妈给了它们什么样的本领啊？”

我说：“给了它们飞的本领啊！你看，蒲公英的妈妈给了它一把小伞，它可以飞行；卷耳的妈妈是在种子的身上安装了密密麻麻的带钩的小刺，是让它挂在人的衣裳上或者牛羊的毛上，然后就去了别的地方；还有的是让鸟雀吃到肚子里，然后再拉到别的地方。”

女儿听了种子的故事就笑得前仰后合，我们都觉得种子们既聪明又可笑。

我给女儿说：“你知道吗？树林子里的小动物们更有意思。”

女儿问：“怎么有意思了？”

我说：“你不是属老鼠的吗？老鼠很机灵，但是它乱咬东西，所以人们厌烦它。它为什么要咬呢？因为它的门牙一直不断地往外长，一个月能长3

是谁让草和我们成为这个样子的呢

厘米，要是不天天磨牙，等到它年纪大的时候，牙齿能长到70厘米，很长，像你伸开两个胳臂那样长。”

女儿很遗憾地说：“要是老鼠没有牙齿就好了！”

我说：“没有牙齿可不行，没有牙齿怎么吃东西啊？不过，小鸟没有牙齿，但是鸟儿是靠它胃里的砂粒磨碎食物，鸟儿用砂粒代替牙齿，多聪明啊！”

女儿突然看见草丛里有蜗牛在爬，蜗牛的两根触须一伸一缩地在探索前进的路。女儿就问我：“爸爸，你说蜗牛用什么吃东西啊，它又没有牙齿？”

是啊，蜗牛用什么吃东西啊，它的“牙齿”是什么样的呢？我如实地给女儿说我也不知道，我们可以去看书上有没有说这个问题。

我们回到家，就翻阅我们曾经读过的《趣味生理学》，果然查到蜗牛的“牙齿”问题。原来蜗牛没有牙齿，它却有更完善的技术手段来吃东西，它是用一种特殊的唾液，就是用含有浓度为4%的硫酸溶液代替了牙齿。这种酸能很容易地溶开软体动物的外壳。蜗牛在攻击猎物时，先用这种唾液使猎

物的一小部分外壳酥软，然后用齿舌打个洞，最后将自己的颌部插进洞里去，尽情地把毫无自卫能力的牺牲者吃掉。

“啊，这么可怕的蜗牛呀！”女儿听得有点紧张。

“其实，你如果趴在草地上，会发现很多很多奇怪的事情呢！”我一边给女儿这样说，一边带着她在草地里看。

就这样，一年一年，春夏秋冬，雷雨风雪，草木荣枯，我们在山里玩耍，在山里观察，在山里思想，女儿的心好像和天地自然融合在了一起；女儿的情感也和花草、昆虫、飞鸟，有了密切的联系。

女儿在《理解这世上的万事万物》中这样写道：

草有根／人有心／理解我的根／就是理解我的心／理解我的心／就是理解我的根／在这世界上／虽然我并不伟大／但我也有我的乐趣／再微小的东西也有自己的崇高

有生命的东西／都有一颗心／雷的心是声音／雨的心是湿润／太阳的心是火热／月亮的心是闪烁／雾的心是含蓄／桥的心是脚步／路的心是宽广

你要理解我的心／你要理解我的根

编辑旁白：按照天性培养孩子，能释放孩子的潜在能量。作者带着孩子以自然环境为背景，对自然信息进行有效采集、整理，形成社会生活有效的逻辑思维。像师长那么循循教导，像朋友那么平等交流，这是对孩子提问的尊重、肯定和鼓励，也给孩子解决问题做出了榜样。

给自己起个猫名王老咪

爸爸，你给我买个老虎回家吧。

每个人都是世界上的
一种点缀
每种点缀
都有自己优美的旋律
——《我们是什么》（老咪7岁作）

女儿出生之后，我和妻子翻字典、查资料、请参谋，给女儿起名字，一个个想好，又一次次推翻。后来，我在以前的笔记本上突然发现我写下的三个字——“王筱菲”，当即就决定用这个名字。三个字带着一连串往事来到我面前。

那一年，我当兵四个月，因手脚关节疼痛而独自在宿舍休息，不能参加各种训练，心情低落、担忧、沮丧。为了安慰自己，我翻阅入伍时朋友送给我的《新华字典》，认识了“筱”字，意思是细小的竹子，还等同于“小”，还认识了“菲”字，意为形容花草美、香味浓，它的第三声还有“微小”的意思。不知道为什么，我很喜欢这两个字，觉得字形字音字义都美好，于是，我就在我抄写的《诗词例话》的本子上写下了三个字——王筱菲。“筱”和“菲”两个字，好像两个朋友给了我安慰和力量，很快病痛就好了。

我们给女儿起名王筱菲，小名菲菲。

女儿三四岁时，我带她到公园去玩。公园里威风凛凛的老虎吸引住了女儿，她非常开心，突然冒出一个奇异的想法——“爸爸，你给我买个老虎回家吧。”我一听就笑坏了，我说这老虎我们是没有办法买的。可是我又想到，孩子兴致那么高，应该鼓励她的好奇心。我说，爸爸给你买个老虎的师傅吧。女儿问，老虎的师傅是谁啊？我说是猫咪。女儿说，好吧。

我给女儿买了一只小花猫回家，女儿高兴极了！可是，女儿是个爱思考问题的孩子，她非常喜欢小猫，但她又想到自己是属老鼠的。猫吃老鼠，这可怎么办呀？她想着要改变这个关系，于是，她给自己起一个比小猫咪更厉害的名字——“老咪”，这样，名义上就和猫咪成为朋友了。

于是，女儿又有了另外一个名字“王老咪”，她发表诗歌文章时，多是用“老咪”做笔名。

女儿太喜爱小猫了！她每天与它说话，玩耍，嬉闹。小花猫到我们家半年多的时候，女儿为了像老虎一样跟着“师傅”猫咪学武艺，总是与小花猫打闹着玩，一不小心，小花猫就把女儿的手抓了一道口子。我们担心小花猫还会抓伤女儿，就让人把它带到老家去了。

一年以后，我回老家时问到那只小花猫的情况，老家的人告诉我，它在一个放麦穰的闲屋子里的梁头上住，吃东西的时候跳下来，平时，谁也不让靠近。我觉得很奇怪，一年多了，怎么小花猫光吃人家的食物，而不能和人家建立感情呢？

我到那个放麦穰的屋子里找花猫。果然，看见它蹲在屋子里的梁头上。我叫唤它的名字，它开始还很惊恐，以为又遇到了陌生人。等我仰头叫了它几次，小花猫一下子跳了下来，赶紧来到我的脚前。我立即蹲下身来，用手抚摩小花猫的头。我们那种故友相见的亲切感情，大概这个世界上，唯有我和小花猫知道了。如果小花猫会流泪的话，那时它一定是泪流满面。

小花猫对情感的忠诚，让我相形见绌，羞愧不已。我立时决定，把小花猫重新带回家。女儿看到我带回了小花猫，高兴得都哭了出来。

自此，猫咪一直是女儿最好的玩伴。在以后的日子里，女儿兴趣盎然，灵感勃发，为猫写了一首又一首清新可爱的小诗。如：

老咪和猫咪在一起

雪球猫

春去雪融冰无迹／忽见雪球滚巷壁／洁白惊心疑为仙／原是一只玉猫咪。

虎腿猫

可怜虎腿猫身／变化没有除根／威风只在两爪／称王百兽谁认

回想起来，女儿和小花猫像小朋友相互依恋，我们大人为了自己理解的一个理由，强行将他们分开，让孩子和小花猫经受了情感分离的痛苦，这实在是很大的错误。

其实，任何一个孩子都天性善良，不把小动物当“外人”，认为所有动物都是自己的朋友。可是，很多父母忽略了孩子这样的感情联系，阻断孩子的情感联系，还教育孩子害怕小动物，让自己的孩子远离它们，以至于

使孩子从远离到害怕，甚至从害怕到虐待。孩子美好善良的心，一天天变得冷硬起来。那些没有爱心的人，就是这样成长的。

编辑旁白：一个在任何时候都助兴而不扫兴的爸爸，一个时时保护着孩子天真的温暖的爸爸。孩子突发奇想——要买个老虎，父亲不忍心让孩子失望，买个猫咪代替，从此，猫给孩子带来了很多快乐和灵感，诗文和佳话。我们看到老咪成为诗文绘画皆美的才女，首先会想到父亲智慧的教育模式：从不压抑孩子的灵性和好奇心，为孩子的精神发展提供了自由轻松的环境。

星星是从哪里来的

很对不起，我也不知道。我们去看书吧。

无数颗星星

把自己的光明献给了夜空

——《天上的好朋友》（老咪7岁作）

在女儿两岁多的一个夏夜，我们住的地方突然停电了，街道上，院落里，一片漆黑。

那时，我正和女儿一起在大街上玩，女儿坐在我的肩头，在停电的夜晚，她突然发现天上有很多很多的星星。她非常兴奋，激动地跟我说："天上有这么多的星星，都是爸爸给我买的吧？谢谢爸爸！"

我说："不是我给你买的，天上的星星没法买。"

女儿却更加迷茫地问我："不是爸爸给我买的，那星星是从哪里来的呢？"

星星是从哪里来的？那个时候我真的说不清楚。可是我又不能不回答女儿。

我只好实实在在告诉女儿："很对不起，我也不知道。不过，书上有讲这个问题的，我们一起去看看。"

第二天，我就和女儿一起在书架上找到了一本美国韦斯科夫著的《人类认识的自然界》。那是女儿出生前两年买的一本书，我还没有仔细看过，这次女儿问起星星的问题，我突然想起了它。

女儿站立在我的身旁，等待着我把书中关于星星的事情告诉她。

我很遗憾地告诉女儿说，星星是从哪里来的，书上也说不清楚。书上说“星系是怎样产生的，或是怎样发展的，我们知道得很少”。

“不过，书上告诉我们，天上的星星也是由一些东西慢慢生成的。在银河系和其他星系里都充满了所谓的星际气体，这种气体弥散在浩瀚的太空中，大部分是氢气。这种气体很多很多，是它构成了星系总质量的大部分……”

我还给女儿讲了恒星演化的几个阶段，女儿听得云里雾里，但她却是很愿意听。我想她是在用自己的方式去理解星星的故事，并且在用自己的智慧想象着如何和星星们交往。

女儿问我：“爸爸，星星能到我们跟前来吗？我想和它们一起玩！”

我回答女儿说：“不能，星星都在渐渐地离我们远去呢。”

女儿听了我的话就有些伤心，我怕女儿心里难过，就赶紧安慰她说：“不要紧的，星星离我们再远，也会让它的光到我们这里来，还可以透过窗户到我们家里来玩呢。”

于是，女儿总是喜欢在晚上的时候，让我把灯关上，看从窗户里进来的月光，还有随月光一起进来的树枝的影子。

女儿看了月亮的光，就又问我：“爸爸，那光是什么呢？”

我回答女儿说：“光很了不起，光是星星燃烧时放射出来的。光走得很快，一秒钟能跑 30 万公里。那是多快呢？就和你想的差不多，你想到‘英雄山’（我们当时住处附近的山）上去，你一想就到了，是不是呀？”

当然女儿听得似懂非懂，但是，很奇怪的是她愿意认真地听。

我发现，孩子渴望有一个首尾一致的故事，去告诉她看到的一切都是怎么回事。从那时起，我就陆陆续续地给她读了很多这方面的书，如《星星离我们有多远》《地球运行漫谈》《冰川的故事》《人在自然界中的位置》《植物的性别》《趣味物理学》《趣味生物学》《趣味生理学》《黄海十万年》等，在女儿上小学之前，我们读完了这些书籍。

给孩子读书是一件会引起“麻烦”的事情，读一本书犹如扯开了一个线团的线头，会越扯捋越长，越扯捋越多。你弄清了一个问题，立即会跟出来更多的问题。

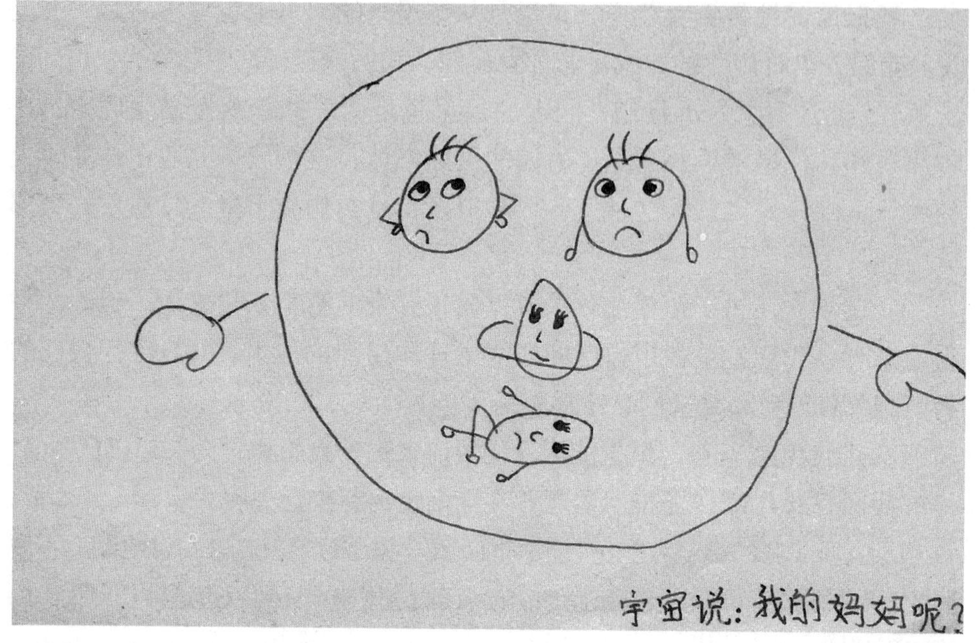

宇宙说：我的妈妈呢？——老咪画

我对女儿说："一个人越明白，就会越糊涂。"我给女儿画了一个圆圈，圆圈里面是"知道"，圆圈外边是"不知道"。"知道"的那个圆圈越大，接触到的那个"不知道"就会越大。

我还给女儿读了一段庄子的话："我生也有涯，而知也无涯。以有涯随无涯，殆已。"我告诉女儿，知识要学，但是永远学不完，要用心去想，动脑子去思考，才是最重要的。

女儿虽然才两三岁的年龄，她却完全明白我的意思。去追寻一个个疑问的答案，就成了女儿的兴趣。虽然很多的问题她一时难以理解，但是，她却是因此打开了心灵之门。

编辑旁白："我想她是在用自己的方式去理解星星的故事"——作者极有见地。儿童的想象力非常丰富，通过形象思维感知事物，家长需要给孩子适宜的帮助，一般家长会代替思考，或搪塞应付、信口开河，或烦躁不耐心，而这些都是扼杀儿童求知欲和创造力的元凶。

我也要写诗

把诗的种子，撒在自己的心窝。

金达莱伴着雪
踏着春来了
这时诗便跟着花一起开放
牧童骑着牛
赶着羊来了
这时诗便跟着溪水一起歌唱
——《诗》（老咪 12 岁作）

女儿以“少年诗人”闻名。

女儿为什么喜欢写诗呢？做父母的我们从来没有想着让女儿当诗人。

女儿 4 岁时，看我在读书，问我：“爸爸，你看的是什么呀？”

我说：“是诗。”

“什么叫诗呢？”

“诗嘛，就是你心里想到了什么，用字把它写出来就是诗了。”——我给她念几句诗。

“我能不能写诗呀？”

“你当然能写了！谁想写谁就可以写。”

女儿高兴地说：“太好了，我也要写诗。”

这以后，女儿就经常把她想到的事情说出来，让我给她记下来。

她经常跑到我的面前说，爸爸我有了一首诗。——我就给她记录。那时，她的头和桌子一样高，她站在桌子边，说一句我就记一句。她写诗时真是思如泉涌，她是早在心里想好了，然后才跑来找我的，所以总是嫌我记得慢。我记下后，她让我读给她听。她以为她自己已经是个诗人了。

当然，女儿一开始时，写下的不过是一些成句的话语。不过，小孩子的话语本来就具备诗歌的韵味，实际上，我们都把这些话语当成诗了。

一天，女儿说："爸爸快记下我的诗。"我坐下，她说："太阳搽了胭脂了，脸红红的。"

我夸赞女儿："好诗！好诗！你太聪明了！"

受到鼓舞后，女儿的兴趣越来越大，几乎天天都要写诗。

她 5 岁半以后开始自己写诗，那时她已经学会了很多字了。

看到女儿这样喜欢写诗，我就找了一些诗歌方面的书读给她听。最早读了诗人流沙河写的《十二像》《台湾诗人十二家》《席慕蓉诗歌》《洛夫诗选》等许多现代人的诗，后来又读了大量的中国古诗，《千家诗》《唐诗三百首》《李白全集》《杜甫全集》《汉魏六朝诗选》《全五代诗》《宋诗选注》《明诗别裁集》《清诗别裁集》等很多诗歌选集。对外国的诗歌，我们从古代诗歌到现代诗歌，从浪漫主义到现实主义，还有什么"乡土诗"、"玄学派"，还有什么"诗的形式"、"诗的节奏"，等等，阅读了很多。从中我们欣赏了很多文字的魅力，了解了很多艺术的技巧。

歌德说："一个人在修养进程中怎样开始，就会沿着那条线前进。"由于给女儿读了很多诗，听我给她读诗成了她平常的习惯，一有时间，女儿就会缠着我给她读诗，当然，给女儿读诗歌也是我极大的兴趣。

我们阅读了古今中外很多诗，在诗歌中我带着女儿认识屈原、李白、杜甫、白居易、陆游、李清照等无数中国古代的诗人，还认识外国的许多诗人，荷马、但丁、歌德、雪莱。女儿最喜欢读的是叶赛宁的诗歌，叶赛宁对大自然的歌颂和赞美，对万物生命的关怀和体贴，深深地感动了女儿。她为叶赛宁写了这样一首诗：

把种子撒在自己的心窝——赠叶赛宁

不管是黎明/还是黑夜/不管是春天/还是冬季/你都对他有/一样的爱心/一样的诗句/想象在你笔下旋转/情思在你眼前盘桓/诗，是你永远的伴侣/你把诗的种子/撒在自己的心窝/让它长出大自然的秘密

编辑旁白：优秀孩子不是上天赐予的，而是教育的结果，对孩子的教育必须与孩子出现智力的曙光同时开始。孩子一时兴起要写诗，爸爸助兴做助手；孩子的语言智慧一闪，父亲及时捕捉到。智慧的父亲保护了孩子的天真和好奇心，心灵的自由和想象力，成就了少年奇才、诗人王老咪。

老咪和爸爸在菊花展上

想不明白这个宇宙

天老了，我们不知道它会到哪里去。

凡是拥有生命的东西
都在默默奉献自己的一片芳香
——《我们是什么》（老咪 7 岁作）

不要小看孩子问的“为什么”，更不要对孩子说一些“不着边际”的事儿不耐烦，孩子虽然幼小，他的心灵却是无比宽广的，他完全是开放性的，因为他对这个世界没有任何成见，他愿意接纳一切，他也在思考着一切。

从女儿会说话开始，我和女儿所谈论的不是天上的事，就是地上的事，还有在我们眼前的一切细小的事。我们不仅仅是“就事论事”，而是在谈论这些事到底是怎么一回事。

当然我们没有很多的知识和能力去说清楚种种问题，可是，这却培养了我们的兴趣，训练了我们思考问题的能力。

女儿在她 6 岁的时候就成天思考着宇宙和自然的事情，她曾经写过《天老了，他到哪里去呢？》——

人死了 / 到泥土里 / 天老了 / 他到哪里去呢 / 我想，天老了 / 是不是就变成太阳了 / 太阳老了又到哪里去呢 / 他可能变成月亮吧 / 太阳、月亮，还有星星 / 难道都是天变出来的吗 / 按顺序说，应该 / 星星比月亮小 / 月亮比太阳小 / 太阳比天小 / 可是这个顺序

思考和感叹这个宇宙——老咪 6 岁画

好像不太对 / 因为天怎么会变成星星那样小呢 / 总而言之 / 天老了，我们 / 我们不知道它会到哪里去

我从来没有为女儿幼稚的想法和思考感到可笑，反而是十分地感动。我觉得孩子思考的问题正是科学家和哲学家们思考的问题，虽然孩子与大人的答案不同，可都是对于那个永恒之谜的探索，寻求、寻找的心隐藏在每一个人的心里，不论大人和孩子都是一样。

一天雨后，我们到山坡上的草地里去玩。到了草地上，女儿顿时惊呆了，呀！这么多的小蘑菇啊！

每个小蘑菇都打着一把小雨伞，还有细细的水珠正从伞上往下滴呢。有很多玩耍的人从草地边走过，因为是雨后了，他们手里还拿着收起来的雨伞，红的绿的，花花绿绿的非常好看。

女儿很专心地看着那些玩耍的大人和孩子，又看看那些站立在地面上的蘑菇，于是便陷入了沉思之中。

我问女儿："你在想什么呢？"

女儿很严肃地对我说："爸爸，我很想为小蘑菇写一首诗。"

我就不由得地笑了，说："好啊，那就写吧。"

女儿就从自己的小背包里掏出来本子和笔，坐在地上认真地写起来。不一会的工夫，女儿就把她为小蘑菇写的诗拿过来给我看：

蘑菇

下雨的时候 / 你把伞儿悄悄地撑开 / 看着别人打着五彩缤纷的伞走过 / 也许你想加入他们的行列 / 可是。雨停了 / 你为什么不把伞儿关上呢 / 看着走远的人群你是不是在想 / 我为什么没有一双会走路的脚呢

孩子从很小很小的时候，就关心自己的来历，关心自己的源头。很多孩子会问爸爸妈妈："我是从哪里来的？"孩子的父母对这个问题的回答有很多种，一般的回答都是告诉孩子"你是从妈妈的肚子里生出来的"。

有的孩子听了这个答案还会继续问："是怎么生出来的呢？"

如果大人再回答，孩子还会再问下去的，孩子要追根求源。

为什么孩子还要不断地问呢？因为大人的答案不是孩子所问的问题，是答非所问。

做父母的也在孩提时向自己的父母问过同样的问题，也是没有得到满意的答案，今天只能用似是而非的回答搪塞过去。

孩子所问的"我是从哪里来的"实在是一个非常重大的问题，是古往今来的哲学家们永恒的追问，是科学家们整日探索却永远找不到答案的一个问题。

虽然如此，可是问和不问却是十分不同，问这个问题，意味着孩子有好奇心和思考力，有穷尽天地奥秘的冲动，就会充满探索的精神和创造的能力。

不能给孩子一个明确的答案，那是没有办法的事，但是做父母的要明白孩子的提问是什么意思，要认识到自己没有能力回答，这却是非常重要

的。要和孩子一起想想这样的问题。

古人讲“风起于青蘋之末”，真是有什么样的开头，就会有什么样的结尾。女儿从小就喜欢了解万事万物的原因，多年后女儿在伦敦政治经济学院读硕士研究生时，其校训却正是这样的一句话：“了解万事万物发生的原因。”不知其间的联系是出于偶然还是必然？

编辑旁白：孩子的大脑是一个神奇的小宇宙，具有无与伦比的精神世界和创造性，而教育的任务是激发和促进其内在潜力的发展。老咪一直善于思考，因为父亲善于引导，她并未在好奇的层次平面推移，而是向着思考的深层挺进，以至于后来小小年纪就具有令人惊叹的哲思。

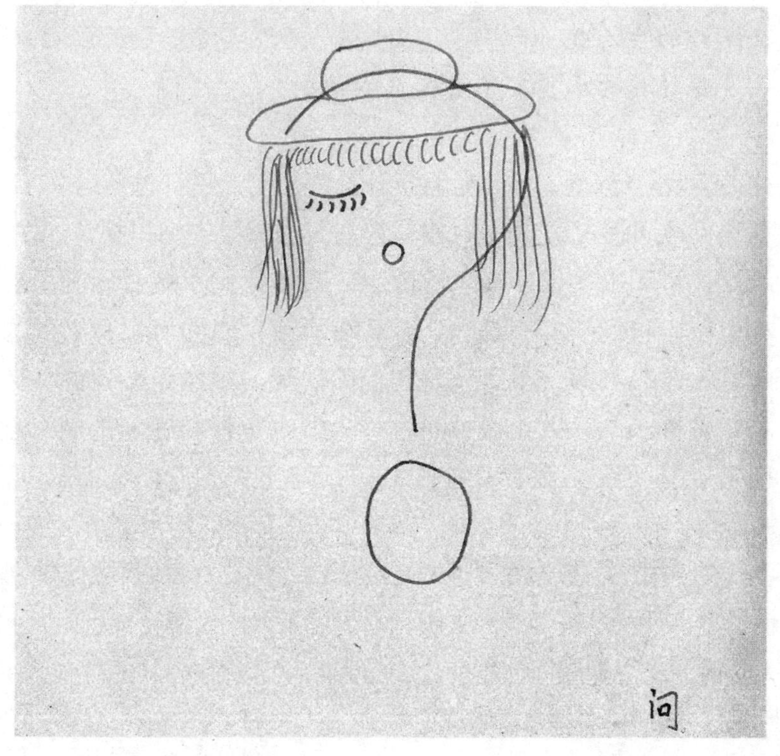

为什么？——老咪6岁画

帮助孩子建立一种联系

离孩子最近的人和事，对孩子的影响最大。

当世上的万物
都有了主人的时候
我又是谁的主人呢
——《我与我的小猫》（老咪5岁作）

女儿曾问我："爸爸，你小时候玩什么呢？"

我很认真地回答说："我小时候最喜欢玩的就是在河里摸鱼。"

我给女儿讲了很多很多摸鱼的故事，我告诉她小鱼可聪明了。最有意思的是小鱼秧，它们一群一群的，游荡在清澈见底的河里，它们的身体透明得若有若无，头上两个小黑星是它们的眼睛。虽然是一大群，然而，它们的行动却是惊人的一致，说掉头，一大群小鱼秧就在刹那间一起掉头游向另外的方向了。但是，我看着它们，却永远也不知道它们是从哪里得到的一起掉头的命令。有一种小鱼我们叫它"沙里趴"，我们的河又清又浅，那种小鱼就喜欢趴在沙里，它身上的几道斑马纹是它的伪装。我们看到它在沙里趴着了，就悄悄用小手从左右合拢想去围歼它，可是人的手刚要靠近时，它把尾巴一摇，人眼前的水立即就浑浊了一片，当人的手合拢在一起的时候，手中是空的，"沙里趴"已经借着浑水逃跑了。

女儿听得着迷，她觉得爸爸很幸福。女儿还给我写了一首诗，说：

天真活泼的爸爸 / 在摸鱼的小河中渐渐长大 / 一天天长大 / 然后去做我的爸爸

读了她这首诗，我很受感动，孩子好像能感觉到我心底的浓浓的乡情。

我给女儿讲了很多我小时候的故事，讲存在于我心中的各种各样的事物：默默耕地的黄牛和乖巧的小羊；河湾里的野草野花；从播种到收割的庄稼；小河里的流水和游鱼。这些故事对女儿精神上、心灵上的成长带来很大的影响。

我给女儿讲我小时候玩的跳房子、打官、拉拉秧等很多有意思的游戏。

女儿问："打官，怎么打啊？"

我就详细地讲给女儿听，还做了示范，把我们高兴得不得了。

我告诉女儿，"打官"游戏的玩法是这样的：

1. 参加游戏的人数为四人。

2. 在玩游戏的人数米之前摆放三块青砖，中间一块当作"大官"，左右分别是"二官"和"三官"。四人依次用一块半头砖去投掷前面的三块砖，谁投到什么官就当什么官，没有投到的，就要受到惩罚。

打官图——老咪画

3. 惩罚方法是，“二官”和“三官”分别揪着受罚者的左右耳朵往前走，“大官”跟在后面，“大官”说停才可以停，不说则继续行走。“大官”说停的时候，“二官”和“三官”要赶紧撤离，不然，被受罚者抓住，就要在下一轮的比赛中最后一个投掷。

女儿听后，就按我所描述的场景画了下来，画得非常神似。

女儿问我：“那‘拉拉秧’的游戏怎么玩呀？”

我也很详细地讲给了女儿听。1. 玩“拉拉秧”至少需要三人，多者不限。2. 选出两人坐在地上，一只脚对着一只脚，脚需要竖起来。3. 其余的小朋友依次从脚上跳过去。边跳边唱口诀：“一步拉拉秧。”都跳过一遍以后，坐在地上的一人就把自己的脚叠立在另一个小朋友的脚上。接下来，跳的小朋友需要跳越两只脚的高度。边跳边唱口诀：“二步喝面汤。”都跳过以后，就叠立第三只脚，小朋友边跳边唱口诀：“三步调韭菜。”跳越第四只脚时唱口诀：“四步长起来。”

脚丫叠到三只的时候，就已经很难跳过了，四只脚的高度就更难跳了。

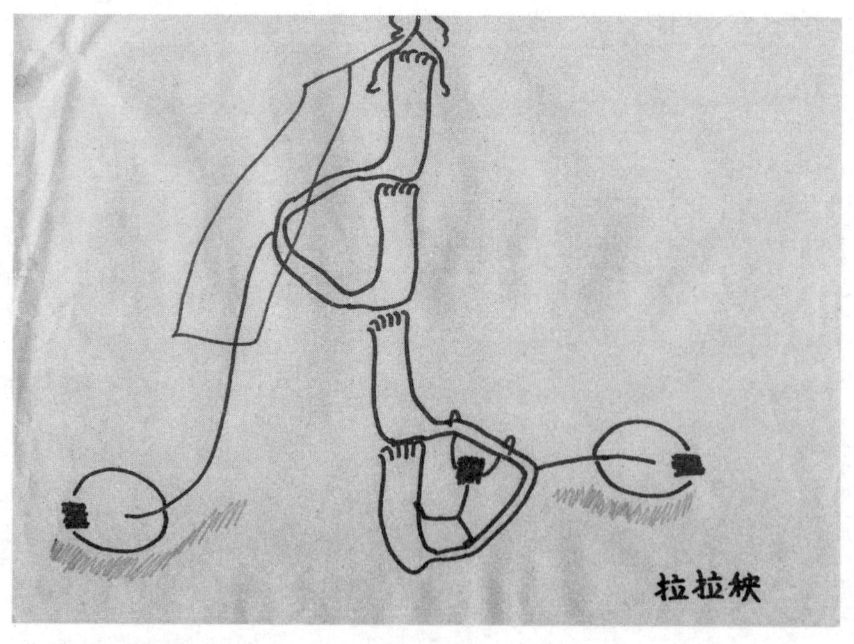

跳拉拉秧——老咪画

最先被淘汰的两个人，下一轮要坐在地上垒脚，让其他的小朋友跳。

对我所讲的故事女儿听得很认真，很动情。并且把我所讲的很多事情写在了她的诗歌里。

这让我想到，一个孩子不可能是“孤立”的个体，他应该与很多事物有联系，与他的父母有联系，与父母家乡那条小河和庄稼地有联系，与我们的前辈先人有联系，进而与天地间的万事万物和五千年的华夏历史有联系，我们做家长的应该帮助他建立这种联系。

其实每个孩子都是这样和无数的事物联系着，和整个的天地联系着，只是联系的路径和方式有所不同。

当我脑里有了这种想法的时候，我再看自己的女儿，突然感觉和以前不一样了，我看其他孩子时也不一样了。每个孩子都是无限丰富的，他们都来自那遥远的同一个源头，蕴藏着最初的难解的奥秘。我不把自己的女儿当很幼稚的小孩子，我觉得她真的是上帝派来的一个天使，如果我们大人放弃掉自己的“聪明”，就能真正和孩子成为朋友，可以和孩子一样去探索人生和宇宙的奥秘了。

一个男人成了父亲，他才真正有了“知心的朋友”，那个知心的朋友就是自己的孩子。

一个男人能把自己的孩子当成“知心的朋友”，他就是一个称职的父亲。

女儿虽然很小很小，但我感觉到好像完全明白她的每一个细小的表情变化，每一次哭泣或微笑，都是什么意思。好像我怎么思想，女儿也完全明白。正如女儿长大后所说：“我们俩是共用了一副灵魂！”

小时候我抱着女儿散步，女儿亲切地给我说：“爸爸，等我长大了，等你长小了的时候，我就抱着你。”

女儿的话让我觉得有趣又感动，也让人深思不已。是啊，女儿会一天天长大，父亲呢？会一天天长小吗？岂止长小，总有一天，爸爸会“长”没了。

有一个时刻，一个父亲和女儿相聚在这个世界上；又会有一个时刻，父亲和女儿在这个世界上做永久的分离。想到这些，我就非常非常地疼爱女儿，就感觉和女儿在一起的每一寸时光都比金子宝贵。

既然一个孩子和他之外的人和事有如此密切的关联，这个孩子会怎样成长，能否幸福，就不仅仅是这个孩子自己的事情了。离孩子最近的人和事，对孩子的影响最大。和孩子最密切的莫过于父母，父母的一切言行和好恶，将对孩子带来多大的影响啊！

于是我有时就很恐惧：女儿天天受着我的影响，而我知识是那样浅薄，性格又有那样多的瑕疵和缺点，都会对女儿造成不好的影响吧？所以，我就想要尽力地修正自己，完善自己。我感觉到，不论自己怎样努力，在自己的孩子面前，甚至在任何一个孩子的面前，我都做得不够好，我都是十分惭愧的。

清醒地认识到这一点，我便更慎重，更多地引导女儿读书思考。

编辑旁白：成才先成人。父亲今天的观念和思想，明天会成为孩子的价值取向。为了让孩子身心健康地成长，作者常常内省修为，唯恐自己的“尘俗”之心误导了孩子。这样的家庭教育，让孩子保有本来的天性，并得以发展。而有些父母的做法却是自以为是，把自己的想法强加于孩子，给孩子的童年留下阴影和噩梦。

家风里有一条灵魂的根——读书

书缘，是一条长长的灵魂的根。

把心灵托付给梦
让梦带我去繁华的唐朝
那里处处都是诗句
满山遍野是诗人的足迹
——《梦回唐朝》（老咪8岁作）

女儿少年时期就因诗文而闻名，人们总是会问我有关她的“学习”情况，比如怎么教她读书认字的，怎么教她写诗作文，怎么教她朗诵演讲……实际上我从未有意识地教她“学习”，或是让她去参加什么辅导班学会这些“本领”。我小心翼翼地养护着我的女儿，担心成人世界世俗的价值观影响了孩子，唯恐成年人自以为是的功利心误导了孩子，我不会“要”她学什么，我会在意她需要什么，她的快乐点在哪里。我陪着她成长，而不是代替她思想和帮她做决定。

我从来没有有意识地教孩子认字，我读书时，她在跟着看，慢慢就认识了。我想，她认字是出于自己的需要，而非外界的要求，所以她自己想办法就学会了。

我也没有教她画画，她自己从两三岁就随意地画着玩，基本是临摹她看到的图画，还有按照自己的想象去画。从4岁开始，她就给自己写的诗配上画。我分析，她画画是因为她快乐。

我对于孩子的培养目标是：期望孩子将来成为一个能独立地思考世界、思考人生、思考生命的人。同时，能懂得养护自己的身体，能正确地看待自己之外的事物。也要有能力去挣钱养活自己，而不是追求物质财富。

有了这样的想法，我们就一起去读古人的书，看看他们对于这个世界、这个宇宙、这个人生，是怎样认识的。我们一起去读唐诗宋词，看看文人墨客对于种种人生的际遇，是怎样看待，是怎样抒发自己的感情的。我们也去观察其他的生物是怎样面对自己的生存环境的。这样的过程我们觉得十分好玩，所观察到的一切，常常让我们既感觉优美，也感到忧伤。

因为想去探索这一切背后的秘密，所以我和她一起阅读了大量书籍。我们有了读书的积累，就有了丰富美好的思想感情和文字技巧。

可以说，是读书成就了她，是阅读本身吸引了她。我的藏书对女儿是有着很大影响的。

她小时候天天看到的就是房间书橱中的书籍，看到我在看书，她也要跟着一起看。我就经常在和女儿一起看书的时候给她讲，这本书比你的年龄还要大呢，你还没有出生，它就出生了。女儿觉得那些书很奇妙，比自己的年龄还大，于是就觉得那些书很亲切，就像自己的好朋友，她就很快乐地去接近它们，想知道它们写的是什么。

很多书都是在女儿出生之前来到我家的，有些是我得到的旧书，不知道要比女儿大多少岁。孩子如果是一个果实，她一定有一条长长的生命的根，灵魂的根。有一种必然在她的命运中发挥着作用，她今天的一种际遇，早在很多年前就有了准备。

就说读书这件事吧，我们家不是书香门第，可是，我却因为一些特别的原因而喜欢上了书。“文化大革命”期间，我的在千里之外工作的大哥看到单位上在烧书，就悄悄地拿出了几本，在休假探亲的时候带回了家。大哥也认识不了多少字，他想带回来给弟弟们读。我在家里的墙上钉上钉子，搭上一块木板，两头用绳子拉着，摆上大哥拿来的书籍，那就成了我的书架。

因为我有了这些书，还有了一个书架，于是就觉着自己很了不起，因为其他的孩子没有那些书。虽然那时家中很贫穷，我却好像因此可以骄傲于这个世界了。好多年后我读到一句话，家有藏书不算贫，就是那种感觉。

我18岁出来当兵的时候，感觉自己很有底气、很骄傲，也是因为提包里藏着一本《李杜诗选》，还有自己花了五毛钱买的一本新诗集《北京的歌》。

在当兵期间，每到一个地方，我最喜欢去的就是新华书店，到了书店总要买上几本书。我喜欢在自己所买的书的扉页上写下自己的名字和购书地点以及时间，看着那本已经属于自己的书，心里就说不出的高兴。

其实，那时我也不懂得为什么要读书，怎么读就更不明白，但是，总有一种因缘促成了读书这件事。在我二十五六岁的时候，我看到了我们的一本家谱，其中在数百年前的家训中写道："子孙虽愚，经书不可不读。勿谓能享饱暖，即不用读书。"这简单的几句话，对我的触动却很大，好像自己的祖先在看着自己，我想要是不认真地读书，那就对不起祖先。

所以说，一个人的根是很长的。《西游记》第一回的题目就是这样说："灵根育孕源流出，心性修持大道生。"一个石头变化出来的猴子都有一根无限长的灵根，何况一个有灵气的人呢？

编辑旁白：在幼儿期间，家庭创造出阅读的氛围，孩子就可能喜欢上阅读。作者是一个高明的领路人，他把孩子引入一个取之不尽用之不竭的宝库——书堆里，读书让她成才，更让她智慧而幸福。睿智的父亲母亲：让你们的孩子喜欢读书，会读书吧，这是家庭教育的王道。

陷入沉思的小诗人

什么是诗

诗写的就是心上的那些事。

多想找一本书
把我的诗情当书签夹在里面
多想做一个梦
永远美好
——《飞过的诗情》（老咪9岁作）

女儿的一个提问一直在我脑际萦回不散：“什么叫诗呢？”虽然当时我用很简单的话语回答了她，但是，这个问题，我以前却从来没有很好地思考过，经女儿这么一问，却让我想了又想。是呀，到底什么叫诗呢？

我们父女二人不仅仅在阅读诗歌上下功夫，还从理论上来探讨诗歌的问题。我们学习了古人所说的“诗言志”，读了《诗品》《袁枚诗话》《诗林广记》《谈艺录》《歌德谈话录》等一些诗论。

中国人对诗歌的认识非常好，说“诗言志”，闻一多先生在他的《诗与神话》中讲，“志”就是有事情停留在人的心上，诗写的就是心上的那些事。我给女儿说，看来写诗首先要讲究实事求是，要真诚，歌德也说：“一个人必须生性正直，好的思想才仿佛不招自来。”

歌德说：“有什么必要下那么多的定义？对情景的生动情感加上把它表现出来的本领，这就形成诗人了。”

我们很用功地阅读了黑格尔《美学》之中关于诗的那一章。当我们了

解到“诗是艺术的最高峰”这种说法时，女儿很高兴，以为自己是在做着攀登艺术最高峰的事情。

女儿问：“我还喜欢画画，那画画呢？是不是最高峰？”

我指着《美学》中的一段文字给女儿说：“咱们看看黑格尔是什么看法吧？”

女儿高兴地说：“好。”

我就用手指指着那些字句一句一行地往前行进：

“如果拿诗和绘画来对比，在感性现实和外在定性方面的这种欠缺在诗里却变成一种无可估计的富饶，因为诗不会像绘画那样局限于某一定的空间以及某一情节中的某一一定的时刻，这就使诗有可能按照所写对象的内在深度以及时间上发展的广度把它表现出来。”

女儿听得一头雾水，满脸迷惑，问我：“爸爸，黑格尔说的是什么意思啊？”

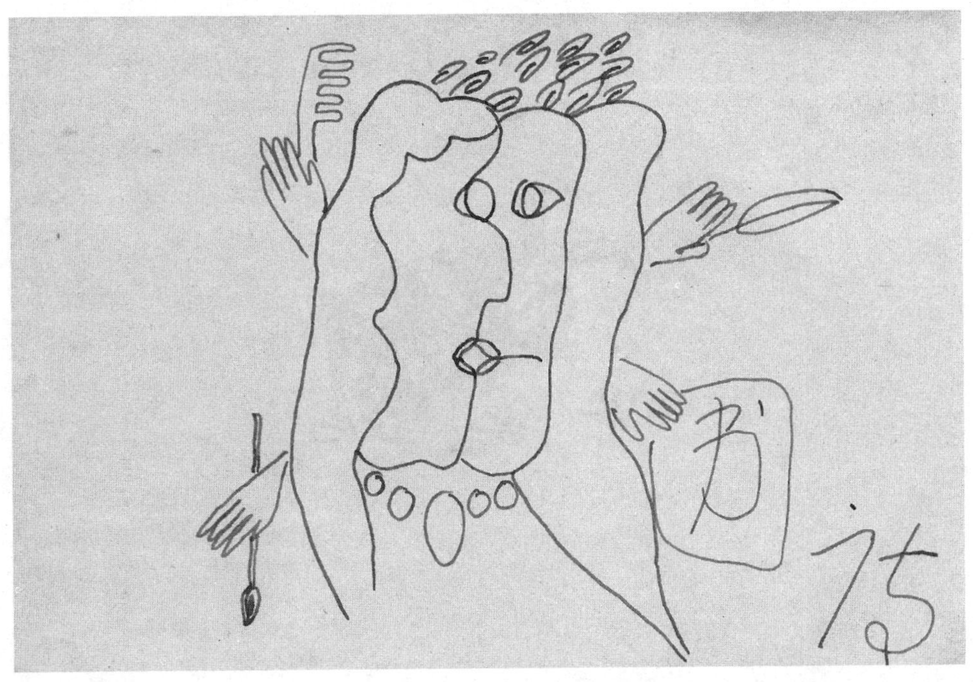

诗——老咪画

我也不由自主地笑起来，然后就用自己的语言慢慢地给女儿解释黑格尔这段话的意思，不知女儿在我的解释下是否明白了绘画与诗歌的不同之处是什么。

女儿常常思考宇宙和自然的事，提问，写诗，我并没有笑话女儿这些幼稚的话语，却是很为此欣慰。我觉得女儿正像一个学习走路的孩子，虽然身子摇摇晃晃，脚印歪歪斜斜，但是她毕竟是在向前。

编辑旁白：作者是一个很用心的爸爸，他常常带着孩子及其问题去读书找答案，这是一种最佳的引导和教育。幼年老咪的情感与思维在不断地飞跃，从感性的阅读很快上升到理性的思辨，暗合了《卡尔威特的教育》的观点：在最佳时期对孩子进行早期教育，是可以培养出天才的。

我是天才吗

天生的就是天才。

未来是个永远解不开的谜
在你不注意的时候成了现在
可是，在意想不到的天边
又变成了模糊的过去
——《朦胧的未来》（老咪 7 岁作）

在读到李白的“天生我材必有用”时，女儿问我：“爸爸，你说我是天才吗？”

我毫不犹豫地回答：“你当然是天才了！不光你是，任何一只小狗和小猫都是。因为它们都是天生的，天生的就是天才，要不然天就不生它了。”

女儿又问我：“爸爸，你说是我写的诗好呢，还是李白写的诗好？”

我为女儿的天真而笑了起来，不过，我还是很严肃认真地告诉她：“李白写的诗很好，你写的诗也很好。因为李白写得再好，他也不知道你心里想的是什么，他就写不出你要写的诗来。当然，你也写不出李白想写的诗来。你忘了我们读的《胡适诗存》啦？胡适说：‘你不能作我的诗，就像我不能做你的梦。’所以，一个真正的诗人，是没有别的人能代替的。”

女儿听了我的话，写诗的信心大增，几乎每天都要写诗，除非因为感冒身体不舒服以外，从来没有停止过写诗。

女儿写诗好像很自然的事情，又好像被迫似的必须不停地写。她还用毛笔把贾岛的诗句“一日不作诗，心源如废井”写了一张大字，挂在家中客厅的墙壁上。我很奇怪，女儿写的诗好像全都是现成的，但写出来的诗又都是那样严肃真诚，每一首诗都不是随意乱诌，而是来自她的心灵。她妈妈读了她的诗，常常感动得流泪，有时还感觉着恐惧，建议不要让女儿再写诗了，女儿写诗写得有点让人害怕。因为女儿的思想没有受到任何限制，她写诗的题材也是上天入地没有顾忌。

比如，女儿 6 岁时问我：“爸爸，以前的那些人呢？”

我说：“以前的人已经死去了，不在这个世界上了。”

女儿问：“人死了，那到什么地方去了呢？”

我说：“人死了，就埋到了泥土里了。”

那时，我们门前有一个土堆，女儿喜欢在土堆上玩，用土垒房子，挖土洞。当女儿和我探讨过人死了到哪里去了的问题以后，对那个土堆的看法就与以前不一样了。有一天，女儿给我说：“爸爸，我要写一首《泥土》。”

我说，好啊！准备好本子和笔，女儿站在桌子前，她说一句，我记一句：

原以为人死了 / 是到月亮上 / 没想到死的人 / 却在土里 / 我爱玩土 / 但玩的却是人骨 / 当我变成了泥土的时候 / 却让别的孩子玩起了我

小时候我觉得 / 自己是用肉来做的 / 没想到我却是那泥土 / 我们的女娲为我们 / 战胜了困难 / 帮我们重做了一个 / 带着诗意的天 / 她用泥土做了我们的童年 / 又用泥土送走我们的晚年

女儿在农村老家，看到有人在割麦子，她就写了一首《太阳下的麦子》：

在荒凉的坡上 / 有一个人慢慢地割着麦子 / 山下有许多泥土 / 我走到那里去玩土 / 太阳慢慢地落下西山了 / 这时，麦子就向我招手 / 还向我摆着金黄的头发 / 我没有感到寂寞 / 当割麦的人走的时候 / 我才知道寂寞是一种 / 悲伤的感情

女儿问的“天才”问题，一直在我心里盘桓不去，到底什么样的孩子才是真正的天才呢？我虽然给了女儿一个很让她满意的答案，但是，我的答案对吗？

于是，我一边激励女儿要充满自信，相信自己是个“天才”，相信“天生我材必有用”，一边也在不断地寻找“天才”的答案。

我们在清人杨钧所著的《草堂之灵》一书中看到：“诗之难者，莫若歌行，既关学力，又恃天才。苟无天才，仅有学力，诗非不工，运用之妙，终难睹耳。”可见真的有天才一说，没有天才还真的难以成为一个诗人。不知道女儿在哪里看到的“非天才勿强命笔”，她经常说起这句话来。

学习得越多，女儿也就越怀疑自己：“我是个天才吗？”也就越怀疑我回答她的话。光想在哪里找到一个可以印证自己是个天才的根据。

我们终于有一天在《狄德罗文集》里看到了他的“天才”和“论天才”两篇文章，读后我们感觉很有意思。

狄德罗说：

“广博的才智，丰富的想象力，活跃的心灵，这就是天才。”

“天才人物心灵更为浩瀚，对万物的存在深有感受，对自然界一切兴致勃勃，他接受的每一个概念，必然唤起情感；一切使他激动，一切存于其身。”

“事物本身使心灵感动，而事后的回忆使心灵更为感动；但在天才人物身上，想象力走得更远：他回忆概念时，情感之强烈甚于当初接受概念的时候，因为有成千上万的概念和这些概念连在一起，更易于产生感情。”

“当心灵要描写某些使她激动的事物时，有时事物的缺点立即销声匿迹；在心灵的画幅上只有崇高和惬意，这时，天才把一切都描绘成美好的东西；有时心灵在最悲惨的事件中只看到无比可怕的事情，这时天才便散布极其阴暗的色彩，强烈表达怨恨和痛苦的词句；天才给物质以生命，给思想以色彩……”

“天才并不永远是天才；有时他是可爱多于崇高，他在事物中感受和描绘的，雅多于美；他感受到和使人感受到的，柔情多于激奋。”

“当鉴赏力的标准和法则成为天才的桎梏时，天才便打碎它而飞往崇高、悲怆、伟大的境界。”

“好奇心是他们的动力，爱真理是他们的激情；发现真理的愿望是他们持久的意志；这种意志激励他们，却不使他们头脑发热，而是引导他们在经验的基础上前进。”

“有天才的人知道自己在冒险，而且他不需要计算成败的机会就能知道结果，因为他胸有成竹。”

“想给天才下定义的人，对他的感受多于对他的认识。应该由天才来谈论自己。”

我们读得好激动啊！

女儿问我：“爸爸，你说我符合这些标准吗？”

我很真诚地回答：“我认为比较符合，很多地方你就是那个样子。”

女儿很高兴，说：“我也这样觉得。”

哈哈哈，我们同时开怀大笑！

编辑旁白：这是一段很有意思的对话：王老咪无疑是个天才，爸爸无论是鼓励还是实话实说，都必须肯定。王爸爸的智慧在于，任何时候他都不会停留在问题的表面，他带着孩子读书，进行纵深的思考。孩子自信而不自大，反而会思考天才的内涵和本质，对自己有更多的要求。本书中，父亲和女儿常常会在阅读中大喜，大笑，这是他们愉快读书的常态。——有这样的爸爸带着读书，焉能不成才？

诗是什么——老咪画

我也要出一本诗集

这件事成了我们两个人学习诗歌、写作诗歌的动力。

稿纸就是我的天地
我可以把我的秘密写在上面
——《我的天地》（老咪 7 岁作）

女儿在 6 岁多的时候，已经写了不少诗歌，有好几十首。女儿就要求我说："爸爸，我也要出一本诗集。我能不能出一本诗集啊？"

我说："没问题，当然可以出本诗集了。"

当时我这样随口答应女儿，心里却没有当回事，因为我那时觉得女儿喜欢写诗，也不过是喜欢，出本诗集可从来没有想过。

没想到女儿却把出诗集的事情当成了一个心事，没过几天就问我："爸爸，什么时候给我出版诗集啊？"

我曾经答应过的事，也不能反悔啊。就实实在在地告诉女儿："现在还不行，因为你写的诗数量还不够。"

女儿急切地问："要写多少啊？"

我说："起码要一百首，或者两百首。那样才能够一本诗集。"

女儿很懂事的样子，说："好，那我就再多写。等我写多了，爸爸一定要给我出诗集呀！"

女儿几乎天天都要写诗，有时候一天要写好几首。我都很奇怪，怎么有这么多的诗要写啊？可是，没办法，她看到什么东西，听到什么事情，都会有诗产生，在她的眼睛里，什么东西都有诗的影子。

有一天，女儿看到我们院子里的白杨树被工人锯断了，粗大的白杨树躺在地上，树的横截面上显露出一圈一圈的树的年轮来。女儿从小就喜欢白杨树，看见高大的白杨树被锯倒了，就很伤心地坐在白杨树的树身上许久许久，然后为白杨树写下了一首诗歌。

树的年轮

树啊，树啊 / 你真让我感动 / 无论木匠的锯多锋利 / 无论木匠的斧多尖锐 / 砍去你的枝叶 / 砍断你的树干 / 却砍不掉 / 你一天天积累下来的年轮

她写她看到的事物，也写她思想的问题。虽然是小小的年龄，但是一天一天的时光的流逝，让她思考许多。她对于一个又一个来到又走的明天，用诗说出了她的迷茫。

明天

只是短短的夜 / 我们在不知不觉中 / 就走近了明天 / 站在今天的视野里 / 遥望着明天的到来 / 明天，只有在嘴唇边 / 才可以诉说 / 什么时候我能用手指 / 触摸到明天呢

过不了几天，女儿就会问我："爸爸，可以出诗集了吧？"

由于被女儿催逼得紧，我就让打字室的人把她的诗歌打印了出来，装订成一本诗集，还做了一个封面，叫《咪咪诗集》。

女儿拿到我给她"整理出版"的诗集后，赶紧和书架上的诗集进行比较，她看到书架上没有这个样子的诗集，就有点不高兴，说一定要让我为她出版一本真正的诗集。

我答应女儿说："只要你的诗够了数量，而且人家出版社的编辑认为够出版的水平，爸爸一定帮你出版诗集。"

自从说了要为女儿出版一本诗集，我就从心里把这件事当成了真事了。

我想，决不能在女儿面前说话不算数啊。

要出版一本诗集，可不是一件容易的事情，这需要有诗篇的数量，更需要有诗歌的质量。因此，这件事也成了我们两个人学习诗歌、写作诗歌的动力。我给女儿说："要想出版一本诗集，就不能随意地写着玩而已，需要认真地研究诗歌才可以，你愿意和我一起学吗？"

女儿很坚定地表示："我一定很认真地跟爸爸一起学习诗歌。"

我们一起学习诗歌的日子真是美好极了，愉快极了。我给女儿讲贾岛写诗"推敲"的故事，她觉着好玩极了，成天追着我给她讲古人写诗的故事。我给女儿讲，以前有个诗人写诗写得很苦，有时候一天都不能写成一句诗，但是他很不愿意放弃，夜晚就在床头上点一盏小灯，在床前放好笔砚。睡梦之中想起一句来，赶紧写在纸上。第二天早上起来抄写诗稿时，才发现纸上模糊一片，字和字都挤压在一起，什么诗句也认不出来了。

女儿听后觉得很好笑，说白天写不出来，夜晚又写不清楚，这个诗人好迷糊啊。

我对女儿说，你不要笑，这个诗人用功的精神可是值得我们好好学习呀！女儿敛起笑容，说："我明白爸爸的意思了。"

我们有一阵子选择了钱钟书先生的《宋诗选注》，一首一首地往下学习。女儿的目光是跟着我的手指往下走的，读完一首诗，我们就一起交流自己对这首诗的理解和看法。女儿说出来她的看法后，我就帮助她写在书页的空白处，有时她自己还要画上一幅图画，用图画来诠释她对那首诗的理解。

由于我们学习的《宋诗选注》是繁体竖排的版本，当我们把整整一本诗集都学习完之后，那些繁体字女儿竟然都认识了。后来我发现她自己竟能阅读繁体字的书籍，我就很惊奇地问："啊！你怎么认识的这些字呀？"女儿不解地说："我们不是都学过了吗？"

由此我得到一个经验，学习犹如种庄稼，只要深耕细作，把功夫下到了，收成自然会有。所谓"只管耕耘，莫问收获"，正是这个意思。古人曾有言曰："文不必学，读书万卷，自能为之。"女儿由于读的东西多了，因而写诗总是能够挥洒自如。因此我觉得，任何一个孩子的成功，都离不开持久的学习和训练，即使天才，也难例外。

我告诉女儿说，你之所以会写诗，就是因为你爱学习的缘故啊。光靠聪明而不用功，是不会取得成绩的。钱钟书先生说："有学而不能者，未有能而不学者。"

我们坚持用功去学习，去写作，很快就会出版一本诗集的。

我曾经在女儿一两岁的时候就给她说："学习也是一种玩，玩也是一种学习。"我们也的确是把学习当成玩来对待的，也是在玩中学习各种知识的。

就是在这样愉快而又刻苦的学习之中，我陪伴女儿度过了学前的美好时光。

编辑旁白：著名幼儿教育家蒙台梭利把对儿童的自发冲动是压制还是引发作为区分好坏教育的分水岭，对于压抑学生自发冲动的做法予以猛烈抨击。睿智的父亲从不打压孩子的突发奇想，鼓励创造，将孩子的天赋变为能力，为孩子的前行助推。

老咪手拿一根青草当烟抽，时六岁

第二部分　小学

上学了！今天开始记日记

"写诗很美丽，写日记有什么用处吗？"

菩提树用它的眼睛
看遍了整个的天空
——《夕阳下的菩提树》（老咪7岁作）

女儿开始上学了，那是我们全家最为高兴的一天。学校的名字是"济南市经十一路小学"。学校离我们所住的部队大院不远，骑自行车也就是十来分钟的路程。

我和妻子一起带女儿到学校报名，我们一家三口人把整个学校转了又转，虽然是一般化的学校，可我们却感觉着处处都闪着诗的光辉，因为女儿就要来这里上学了。

开学前，我给女儿在新华书店里买了一本由上海古籍出版社出版的特别精装的《艺舟日记》。这是一个主要功能是用来记日记的本子，可本子里面又隔三岔五地印着些古诗词，还有古人的名画，非常漂亮。我把它送给女儿当日记本，要求女儿从开学的第一天起，就天天记日记。

女儿虽然早就在写诗，可是从来没听说过写日记这回事。就问我："爸爸，日记是什么意思呢？日记怎么写啊？"

我说："什么是日记呢？日记就是你过了一个日子，一个日子当然也就是一天，就把在这一天之中你感到很重要的事用文字记下来，那就是日记。"

女儿又问："一天有很多事，哪些才是很重要的事？是老师讲的课吗？"

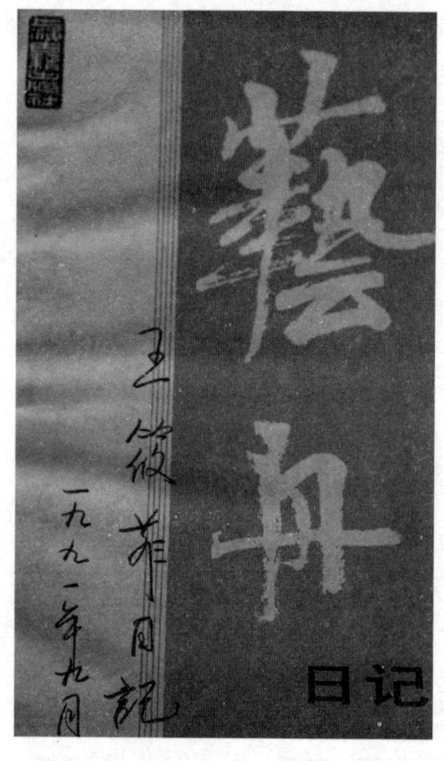

我说："不光是老师讲的课，只要是在这一天当中，你眼睛看到的、耳朵听到的、手脚碰到的、心里想到的，只要你感觉着有意思的都可以记下来。"

女儿又问："写诗很美丽，写日记有什么用处吗？"

我说："写日记的用处也很大，写日记可以锻炼你的观察能力，可以训练你的思维能力，可以练习你的写作能力，还可以学会如何用文字表达你的思想和感情。"

我还找了一些古人和现代人写的日记读给女儿听：

康熙三十九年七月十五日记："十五，天晴。是夜月有异，微雨后天开，但见其色红如暗纱灯状而无光，明明月魄在天，而地上甚暗，如无月之夜。"（清詹元相《畏斋日记》）

女儿感觉这一段日记像诗一样美丽，很喜欢。

我对女儿说："记日记也很好吧？虽然都是平常的自然现象，用文字记录下来后，过几百年后一看还是那样迷人。"

女儿听了我的解释很高兴，她说："爸爸，我一定天天写日记。"

我进一步给女儿说："写日记的方式可以随便，所以写日记很容易，只是有一件事很不容易，就是坚持天天写。"

女儿好像不以为然，她说她能天天都写。后来的事实证明，女儿的日记一直能坚持写，很少有间断，从小学一直写到了中学、大学，到现在还在天天坚持写。

女儿上学第一天的日记是这样写的：

1991 年 9 月 2 日　星期一

今天是上学第一天。早上大雨。

下午举行了升旗仪式。

上学第一天我就得了两个小五星。

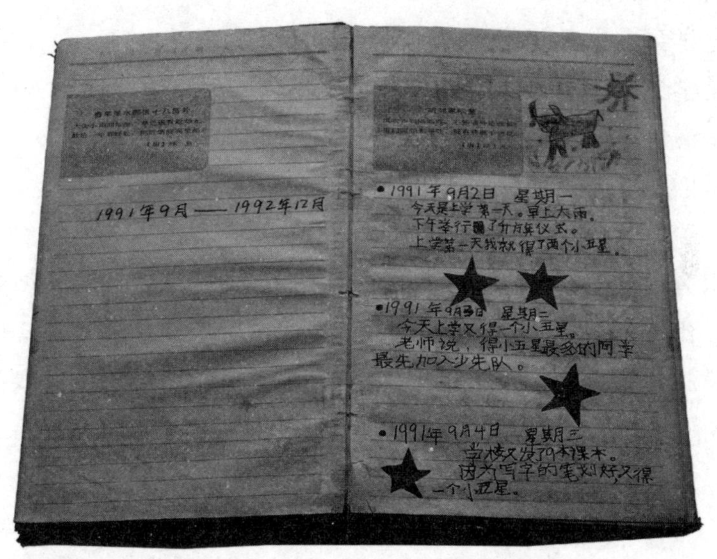

1991年9月——1992年12月

1991年9月2日　星期一
今天是上学第一天。早上大雨。
下午举行了升旗仪式。
上学第一天我就得了两个小五星。

1991年9月3日　星期二
今天上学又得一个小五星。
老师说，得小五星最多的同学最先加入少先队。

1991年9月4日　星期三
学校又发了9本课本。
因为写字的笔划好又得一个小五星。

老咪一年级时的日记

女儿用她很稚嫩的文字，认认真真地写下了她上学第一天的内容和自己很兴奋的心情。同时把她得到的两颗老师用红色的蜡光纸剪成的五星贴在日记的内容下边，又画上了一幅阳光下小牛吃草的插图。

看着女儿的那篇日记，我们一家三口人高兴极了，欣赏了一遍又一遍，好像那是天底下最美丽的文章。那两颗红五星也好像天上真的星星一样，在我们的眼睛里亮光闪闪。

刚开始坚持写日记，不仅是孩子个人的事情，是爸爸妈妈和他共同的事情，需要孩子的家长也记着这件事，提醒孩子不要忘了写日记。

孩子上了小学，功课也很紧张，写日记的时间有时候就不太容易找出来。在这样的情况下，我就给女儿说：“不一定写很多的话，只要能坚持写就行，有时甚至写一句话也可以。”

女儿写日记的时候，尤其是一年级的时候，有很多的字不会写，一开始我就让女儿先说出来，我给她一笔一画地写好，再让女儿抄到日记本上。等女儿识字多起来的时候，就完全让她自己写了，不会的字就用拼音代替。

从女儿的身上可以看到，写日记所取得的功效还是十分大的，其意义主要有如下几点：

一是学会了思考问题；

二是学会了抒发感情；

三是锻炼了写作能力；

四是增强了个人毅力。

编辑旁白： 魏书生老师把写日记叫作“道德长跑”，写日记对于孩子有千般好。作者怎么让孩子做到的？ 1. 引起兴趣。2. 对于刚写日记的孩子来说，家长欣赏的目光是最好的激励。3. 良好习惯贵在坚持，难在坚持，在习惯养成阶段家长的提醒很重要。

老咪写的日记

有没有必要择校

什么学校是好学校？能真心爱护学生、关心鼓励学生的学校就是好学校。

妈妈什么都没给我
只送我一把毛茸茸的小伞
——《流浪的蒲公英》（老咪 7 岁作）

女儿上学的学校是按照学区划分的，这是一个排名一般的学校。与女儿同一幼儿园毕业的孩子，有的早就找关系去了好学校了，甚至开学以后，还有几个同学又想办法转走了。

选择学校虽然是家长干的事，可依然会给孩子带来影响。女儿就很敏感地问起我这件事情，说谁谁谁上了什么什么学校了。

对于这个问题该怎样认识呢？我和女儿就一起讨论了这个问题。我跟女儿说：

“孩子，我认为，学校和学生是互相影响的，有好学校就能培养出好学生，有好学生也能使学校变成有名的好学校，你说是不是会这样呢？”

女儿问：“我要是个好学生，我们学校就能成为一个有名的好学校吗？”

我说：“当然可以，所以咱们也不用挑什么好学校，咱们当个好学生比什么都好。”

女儿说：“爸爸放心，我一定当个好学生，让我们的学校成为个好学校。”

我们父女两人就高兴地笑起来，而且用手拉了钩，表示我们的决心。

女儿果然说到做到，上学才一个星期，女儿就得到了很多小五星，她在日记中这样写道：从上学以来我就一共得了六颗小五星。全班总共四十五个学生，我是全班唯一一个得了六颗星星的人。于是，我就为我的星星做了一首诗：

自己的天空

我也有一个天空／它只属于我自己／老师发给我的红星星／我就挂在那里／每夜每夜／它们都闪着红色的光／把我的梦都给照亮了

学生表现得好，老师也十分高兴，女儿的班主任董老师也很为自己的班级骄傲。她就把更多的爱倾注在学生的身上。老师真诚的爱心，每一个学生都会感觉得到的，女儿和她的同学，就十分敬爱自己的老师。上学后的第一个星期天，女儿做完作业又写日记，在那一天的日记中，记下了一个学生对老师的深厚感情：

1991年9月8日　星期日

星期天做了一天的作业。晚上我为我们的班主任董老师写了一首诗，诗的名字叫《星星里的爱心》：

天空是一张白纸／老师发给我的红五星／我就挂在那里／它的光亮比太阳的光亮还要温暖／温暖得就像妈妈的胸怀／在红五星的里面／可以找出多少份爱心呢／爱心每天都在散发／就如鲜花的香气一样

上学后的第二个星期开始了，第二个星期的第二天就是教师节。在这个星期中，女儿一下子在全校成了小名人，老师和同学都在议论她，她走在放学的路上，同学们还在指着她说呢，说她很了不起。

因为女儿在星期一的时候，把自己写给董老师的诗《星星里的爱心》送给了董老师，老师看了十分惊喜，就把女儿的诗送给了学校的大队辅导员崔丽娜老师欣赏，大队辅导员看了也十分高兴，就又送给了校长看。大家都为自己学校里出了个小诗人而高兴，于是，学校决定在全校庆祝教师节的时候，让王筱菲同学登台背诵她的诗。

女儿在那两天的日记中这样记载：

1991 年 9 月 9 日 星期一

我把我的诗送给董老师看了，董老师说很好，并说明天让我在庆祝教师节的大会上给全校师生背诵我的诗，我真高兴。

回到家，我就叫妈妈教我背诵，我对着录音机背诵了好几遍，妈妈说很不错。

1991 年 9 月 10 日 星期二

早上我怀着激动的心情来到学校，见到董老师，她问我准备得怎样，我说："老师放心吧，我不会让你失望的！"

我走上讲台，拿起话筒，背诵了我的那首诗，受到了全校师生的赞扬。

大队辅导员崔丽娜老师看到自己学校里有个会写诗的同学，高兴极了，到处宣扬她们学校的小诗人。每当王筱菲有了新的诗篇，大队辅导员崔老师就帮助她送到报社去，《山东少年报》《济南日报》《山东人口报》《青春时报》等，都有王筱菲的诗歌发表，尤其是《山东少年报》，不断地发表王筱菲的诗歌。

"小诗人王筱菲"的名字越传越广，好多新闻媒体也不断地来采访王筱菲。济南电台、山东电台、山东电视台、中央电视台、北京的《中华少年》杂志等很多新闻单位都报道过"小诗人王筱菲"的故事。

济南团市委、济南市少工委还把女儿王筱菲评为了"济南小名士"。当年诗圣杜甫陪李北海宴历下亭，酒酣挥毫，写下了"海右此亭古，济南名士多"的佳句。如今女儿得到了"济南小名士"的称号，女儿自己和女儿的学校都感到十分荣耀。

女儿真的为自己的学校争得了荣誉。当然，非常重要的是老师的重视和培养，班主任老师、学校大队辅导员都能善于发现学生的潜能，挖掘和保护学生的潜能，支持鼓励学生发挥自己的特长，这是非常重要的。我认为女儿的成长，有老师和学校极大的功劳。

什么学校是好学校？能真心爱护学生，能关心鼓励学生的学校就是好学校。

编辑旁白：适应环境是一种态度，影响环境是一种能力。人人都希望孩子上一所心仪的学校，在求而不得的情况下，要懂得选择放弃，关键是要学会如何跟孩子沟通。王爸爸积极正向的引导，使孩子有正确的思维方向和努力空间。与之相反，家长在孩子面前诋毁学校，会让孩子缺乏学习的激情，还可能形成偏激思维。

有花草做伴我并不孤独——老咪画

好好学习，天天快乐

如何对待孩子的缺点。

苦与甜交错
才是最好的滋味
哭与笑混合
才是动人的表情
——《才是……》（老咪 12 岁作）

虽然我对女儿的学习是很满意的，老师也认为我女儿是很优秀的学生，但是，老师也对女儿王筱菲提出了不少的问题，在女儿的一篇日记中，女儿这样记载：

1991 年 11 月 29 日　星期五

一天正常上课，晚上老师见到爸爸，老师说了我的缺点和优点，主要是上课做小动作，老师讲课不认真听讲，总以为自己会了。老师也夸我很聪明，反应快。今后要改掉一切缺点。

我认为，一个优秀的学生，不是没有缺点的学生；有某些缺点的学生，也不一定是一个不好的学生。所以，一般情况下，老师的评价是正确的，是符合学生的实际情况的，但是作为家长，却不能因为老师的评价而影响了对孩子的全面认识。尤其是不能老师一讲到学生的什么缺点，家长就对自己的孩子发脾气，因为，从另一个方面看，你会发现自己的孩子还有十分优秀的地方。

每次遇到问题，都全面完整地看待自己的孩子是十分重要的。知道孩子的好，才能耐下心来帮助孩子改掉不好。班主任老师给我们反映，说王筱菲有点小迷糊。妻子就有些着急，就责备女儿不用心，不专心。我在想，女儿能写出这么美好的诗篇来，怎么会是个小迷糊呢？

我和女儿交谈，询问老师所说的问题是怎么回事。经过详细地了解，我明白了。原来，如果从表面现象看，女儿是有点小迷糊。因为她有时就不由自主地走神了，所以显得有些迷糊。再仔细分析，原来女儿在思考一些其他的事情，因而显得心不在焉。比如女儿在上学的路上，她看到路旁墙角边有一棵小草，早晨的阳光洒在小草的身上，小草叶子上还挂着一些露水。女儿看到这棵小草，就一时难以忘怀了，以至上课时还在想着那棵小草。老师却不知其中的缘由，看见王筱菲好像没睡醒的样子，于是就批评她是小迷糊。

迷失方向——老咪画

女儿把她那次写的诗《墙角的小草》拿给我看，诗写得也很动人：

没有人去爱护墙角的小草／没有人去关心墙角的小草／它只有一个生命／生命是太阳送给它的／每天它都迎着人上下班／还迎着太阳出来／又看着太阳落山／小草很小／它的心里并不觉得惭愧

多么感动人的一首诗啊！从这首诗中，我看见了女儿一颗美丽善良的心，关注万物的情怀。这正是每一个孩子都应该具有的美好品质呀。在这种情形下，在这种矛盾中，我是该批评女儿，还是该表扬女儿呢？

我觉得，这里不能轻率地用"批评"和"表扬"这样的方式来解决问题，那样太简单化，太表层化，太片面化了。正确的方式，良好的态度，应该是通过一件小事情，来分析了解这个学生的本质，通过一件小事，可以挖掘这个学生的潜能。然后才能因材施教，然后才能再予以正确的引导。不要仅仅通过一件事情，一种表现，就判断一个学生是"好"或者"不好"。

我就借用女儿写"小草"的那件事例，和女儿一起探讨该怎样对待那样的问题，该怎样处理那种矛盾。我的意见是："要注意观察事物，要用心思考问题，要善于抒发感情，这都是对的，但是，不能在上课的时候分神，因为功课也是十分重要的，不用心听课，就会跟不上课，考试就出不来好成绩。"

女儿也认为我的看法是对的，是有道理的，但是，心里还是有一点点委屈，她说："爸爸说的话我也明白，我在上课的时候告诉自己别想别的，可是在上课的时候，还是会想起一些事来。"

我跟女儿商量，咱们可以想象着在大脑里面安一个开关，什么时候该开什么样的开关，什么时候该关什么样的开关，注意提醒自己，训练的时间长了，就能够解决问题。后来的事实证明，这个方法还是有效的。

编辑旁白：与学校的配合教育是一门艺术，是修养、为人、正确认知的统一。如何面对教师批评自己的孩子？家长情绪的输出会影响孩子的一生。作者与孩子一起分析问题，解决问题，既让孩子加强了规则意识，也学习了如何对待批评。老咪的谦和雅量无不与这些点点滴滴的教育相关。

小诗人，大目标

不让成绩和荣誉成为负担。

花开了
花真的开了
是问题也是唯一的答案
——《花开了》（老咪 13 岁作）

爱读书，爱思考，爱写诗，一直是女儿坚持不懈的习惯。她在五六岁的时候就盼望着出一本自己的诗集，让自己的诗歌也能和其他人的诗歌一样，变成一本书很自豪地站立在书架之上。

终于在女儿 8 岁的时候，我把女儿从 6 岁以来所写的诗歌选择了将近 150 首，送给了济南出版社，出版社的编辑觉得这些诗歌很好，就真的答应给予出版了。

出版社要为女儿出版诗集，她高兴极了，自己亲自绘画了诗集中的插图，还自己写了一篇序言《诗是我的翅膀》。女儿在序言中说："我是小鸟，诗就是我的翅膀，让我在天空中快乐地飞翔！"《山东少年报》还把她的序言《诗是我的翅膀》全文发表了。

女儿高兴地把自己的诗集摆放在书架上，和李白、杜甫、白居易等很多大诗人的诗集摆放在一起，看了又看。

从上小学一年级开始，女儿王筱菲就可以说是一个小小的"新闻人物"了，因为她写了很多诗，经常有一些报纸、电台、电视台来采访她。

女儿9岁时，在第二届全国优秀少儿电视“金童奖”颁奖晚会上，女儿被邀请专门为全国的少儿电视工作者创作一首诗，并要她自己在晚会上朗诵。女儿写了一首很长的诗歌，叫《你们和我们》。彩排的时候，主持人鞠萍姐姐听了王筱菲的朗诵，感动得掉下眼泪。在晚会的现场，很多少儿电视工作者无不被《你们和我们》所感动。

《因为太阳的缘故》——老咪的第一本诗集

北京的《中华少年》杂志，多次发表女儿的诗篇，还发表了介绍她的长篇通讯。当时的北京中华文化促进会会长钱光培教授在杂志上评论说：“济南的王筱菲，第一次在本刊发表诗作是读三年级的时候，现在才读小学四年级。但从她最近寄来的诗篇看，她的观察、思考和驾驭语言文字的能力，都超过了她的年龄段了。”

钱光培教授特别欣赏她的《昨天》，说这首诗反映出了王筱菲对生活的感受和思考的能力：

我们拥有的昨天太多太多／昨天是我回忆中的明亮星座／不管昨天好与不好／昨天总是让我想着

昨天是把只能观看的二胡／无法演奏美妙的音乐／昨天是支不下水的钢笔／无法写出动人的诗歌／昨天起身就走了／它是位从不告辞的贵客

（老咪10岁作）

山东卫视以《泉城小诗人》做了个专题报道，有更多的人知道了王筱菲是个小诗人，一时间王筱菲收到了许多来自全国各地的信，对王筱菲予以赞扬和鼓励。但是，也有一些人认为，当个诗人不好，诗人喜欢多愁善感，诗人容易得精神病，诗人容易患忧郁症，诗人有的甚至自杀。

我和女儿就对这些问题经常进行探讨，我对女儿说：“我觉得，诗对于一个诗人来说，并不是想写就可以写，想不写就可以不写的，写诗是一个人的命运。就和小羊一样，小羊吃草是因为它必须吃草，它永远也不会像小狗一样喜欢啃骨头。”

女儿说：“小羊喜欢吃草，它怎么吃着吃着就忧郁了呢？吃着吃着就吃成了精神病了呢？肯定不是吃草的原因，肯定是别的原因。”

听了女儿的话，我们两人就不由自主地开怀大笑起来。

女儿成了个有名气的小诗人，对于女儿取得的成绩和荣誉，我们也十分高兴，不过，女儿从来没有因此感到骄傲。荣誉、名声可以激励我们更加努力，但不能成为我们的负担，因为从女儿很小的时候起，我们考虑的就是一些“大问题”，而不是追求那些功利性的东西，我们很理智地想，那些东西都不是我们最终的目标。

什么样的“大问题”呢？那就是：我们看到的、听到的一切东西是怎么一回事；古时候的人，还有现在的人，他们对于人生和世界是一种什么样的感受和见解。

老咪第一次在新华书店签名售书

书越看越多，思考的事情也越来越多，所读所思越多，也越来越感觉到自己的无知和渺小，我们哪有什么值得骄傲的资本呢？

编辑旁白：王老咪少年成名，面对纷至沓来的荣誉和曝光，八九岁的孩子宠辱不惊，把荣誉和负面意见看得云淡风轻，其心理健康与作者的影响和教育有着直接的关系。老咪在上学前已经写出了很多美妙的诗篇，父亲欣赏并鼓励，但从未向外张扬，面对孩子的荣誉，父亲更是注意引导。不带一丝功利性的教育，让孩子传承了清逸大气。

济南小名士

济南小名士

真名士的真风流，就是永远不忘天地的大则，追求永恒的大道。

让斗笠上落满红色的蜻蜓
让透明白云映出你的身影
让水声安慰远方的云游客
让海把礁石送给孤独的鹰
——《让》（老咪 12 岁作）

当年诗圣杜甫在《陪李北海宴历下亭》中写道："海右此亭古，济南名士多。"佳句传佳话，与其相应的文化氛围在济南代代传承，"济南名士"层出不穷。

济南团市委、济南市少工委举行了评选"济南小名士"的活动，所评选的小名士有小书画家，有小演奏家，有小发明家。女儿王筱菲却以唯一的一个小诗人的特长被评为了"济南小名士"，而且是年龄最小的，只有 8 岁。

济南团市委组织"济南小名士"夏令营，要用半个月的时间，到北京等地游览，参观天安门、长城等名胜古迹，让祖国的大好河山开阔小名士的胸襟。山东电视台的记者也跟着全程采访。女儿站在出行的队伍中，是一个小不点，我和妻子都有些为她担心，女儿却十分懂事地安慰我们："爸爸和妈妈放心吧，我很快就会回来了。"女儿懂事的话语，说得妈妈满脸泪水。

在我们给女儿准备的随身背包中，女儿特意嘱咐我们给她放上一个小本子和笔，她说她是小诗人，到什么地方都不能忘记了写诗。

“济南小名士”夏令营在一个晚上要乘自备的旅游大巴出发了，开营式上，女儿代表小名士们朗诵了表示决心的一首诗——《我们走了，带着希望》，其中的一段诗句，至今我们都还会背：

我们高兴地张开双臂／就像小鸟要展开飞翔的翅膀／虽然，虽然我们的脚丫还小／但我们不怕路途的山高水长／在我们所到之处／每个脚印都会印下／深深的渴望

半个月的时间女儿不在家，我们突然感觉自己的小家如没有了小鸟的空巢。女儿在家中的时候，几乎天天都要给我念她写的诗，都要让我跟她一块读各种各样的图书。陪女儿一起学习虽然占用了我很多很多的时间，但那种快乐是无法用其他的东西交换的。女儿不在跟前，那种清静却是非常寂寞的清静，自己再看书也没有兴趣了。我这才意识到，和女儿一起读书，并没有浪费我的时间，其实，正是因为和女儿一起读书学习，更带动了我自己。我体会到，一个家长能在自己的孩子很小的时候，就伴随着他的成长一同读书学习，是很有意义的事情，孩子和家长都会取得良好的学习成果。

平时，全家在一起听女儿朗读自己新写的诗，成了我们生活中的一个重要内容，一连好多天听不到女儿读自己写的诗，妻子也感觉缺了很多东西。她就不断地问我：“你说孩子在外边还会写诗吗？”我说：“当然会了，诗人嘛，怎么能不写诗。”妻子还是觉得女儿在外边游览，不会顾得上写诗了。

半个月后，女儿的“小名士夏令营”活动结束了。女儿除了告诉我们她的见闻以外，还给我们带回来许多她游览时所写的诗篇。山东电视台还播放了女儿在天安门广场和长城上朗诵诗歌的场面，看得妻子流下了激动的泪水。我最喜欢的是女儿临回家的时候，她给自己的旅行包写下的那首诗——《当我背起你的时候》：

当我背起你的时候／也背着旅途中的想象／当我背起你的时候／

也背着离开家的忧伤/于是/我就带着我的鞋子/和我的路/走向远方/你问我重吗/我说不重/因为你装的不光是衣物/还有一篇一篇的诗章

当我到达终点的时候/回首望望/都是流逝过去的日子/当它们离开我的时候/我就将我的诗歌送给它们

我该回家了/又重新背起了你，行囊/总觉得忘了些什么没有拿/仔细一想/原来是时光

女儿被评为“济南小名士”，引发了她很多的思考，思考最多的还是“名士”这两个字。女儿问我：“爸爸，到底什么是名士呢？仅仅就是会画画，会写诗吗？”

女儿不问，我好像还明白，女儿一问，我便糊涂了。是呀，到底什么算是名士呢？我只好如实地告诉女儿：“爸爸知识浅薄，实在说不清楚。咱们一起读书看看吧，因为‘名士’这个东西都是古人搞出来的。”

于是，我和女儿一起看《世说新语》，一起读《汉魏六朝诗选》；我给女儿讲“竹林七贤”的逸事，给女儿讲“王谢风流”的传说。

知道了所谓的名士，原是有抱负有才情的文人墨客、思想家哲学家，因为社会的动荡，政治的黑暗，他们无法施展自己的抱负和才华，又不愿与当政者同流合污，于是他们有的特立独行，有的狂放不羁。人们称他们为名士。说名士风流倜傥，潇洒无拘，实际上他们的内心是苦痛的，行为是无奈的。真名士的真风流，就是永远不忘天地的大则，追求永恒的大道。

我和女儿因魏晋时期的名士的种种怪诞思想和奇异行为而笑得前仰后合，同时，也因那些名士的高尚气节而感动敬佩。

编辑旁白：养成教育是终身的教育。叶圣陶先生说：“什么是教育，简单一句话，就是养成良好的习惯。”作者对孩子的课业学习很少有直接的指点，但很注意带领孩子共读，教孩子建立正确的价值取向。

读书，是我们的一种游戏

“我们一人身上插一根隐身草，这样既不会打扰徐霞客先生，也不耽误我们跟他游玩了。”

每一本书都夹着我半个身影
只剩一双近视的眼睛
在一篇朦胧中四处探寻
我想我的书
哪本书夹着我的心呢
——《我想我的书了》（老咪 12 岁作）

读书是我们的快乐，我们常常在游戏中阅读，趣味盎然。我们读《徐霞客游记》，我们就装扮成徐霞客的朋友，悄悄地跟随在他的背后，他走我们就走，他停我们就停。

老咪担心地说：“要是被他发现了可怎么办呀？”

我说：“不要紧，反正我们对他都是充满了尊敬，他也不会怪罪我们的。”

老咪诡秘地笑着说：“爸爸，我有一个好办法！”

“什么办法？”我问。

“我们一人身上插一根隐身草，这样既不会打扰徐霞客先生，也不耽误我们跟他游玩了。”

“好好好，好办法，就这样办！”

于是，老咪就从楼下院子里折来两根草，一人身上插了一根。收拾停当，开始跟随徐霞客游山玩水。

我又提议道："徐霞客先生可不像是现在一般的游客那样，光知道走马观花似的玩，而是一边走一边看，一边想一边记。我们也要这样用心才行呀！"

老咪马上有了想法，说："好，我去拿个笔记本来，他有什么记录山水的好词句，我们有什么想法，也学着他的样子边走边记录好吗？"

我不由得笑着说："好办法！"

打开《徐霞客游记》，没想到第一卷第一篇的第一句话，就把我们难倒了，"癸丑之三月晦"。

老咪面带难色，问道："爸爸，这是什么意思呀？"

我说："我也不是很懂，癸丑是我们的祖先发明的一种记载时间的方法，也就是把一年的十二个月，一天的二十四个小时，都分成十二个时辰。你还记得十二生肖吗？就是那十二个时辰。"

老咪就快速地把十二生肖背诵了一遍。

老咪又问："哪晦呢？"

我很尴尬又只好老老实实地说："晦我也不会，我们一起查查字典吧。"

经过一番学习，我们终于明白了，那个"晦"是阴历每月的最后一天。

我给老咪说："我们不能这样慢，要不然就永远也跟不上徐霞客先生的脚步了。遇到很难的问题，我们就暂时越过去，有时间再去了解。"

老咪也很高兴，说："同意！"

在《徐霞客游记》中得到的乐趣，是其他书籍中不能给予的，因为那是徐霞客眼中心里的景色，跟着徐霞客，我们也学会了对自然风光的欣赏和理解。

尤其是徐霞客描绘山水景物的笔墨，让我们深受感动，也获益多多。

例如："杏始花，柳色依依向人。"司空见惯的春色，在徐霞客的笔下就像是活了的一样。

"过三亭，入玄帝宫；由殿后登岭，兀兀中悬，四山环拱，重流带之，风烟欲暝，步步惜别。"徐霞客对这些景物是那样深情！

老咪在跟随徐霞客游览山水的时候，感悟到，没有丰富的文化历史等知识，是没有办法去游玩的。

下雨的时候，我和老咪一起扒在窗户上看雨，听雨的声音。突然就想到我们曾经看过的一本书《听雨楼随笔》，我们就高兴地说，我们去“听雨楼”吧！

《听雨楼随笔》是清朝的王培荀撰写的一部书，此书写的当然不是在楼上听雨，而是记述历史地理、科学技术、风土人情、名人轶事和文物古迹的笔记。我们在书中好像在穿越历史空间之中，各种有意思的事情，都让我们入迷了，窗外的雨声早就充耳不闻了。

我和老咪说，读书也就是去找另外的一些朋友玩，去和他们聊天。如果仅仅和几个熟悉的同学聊天，那就很有限。如果用读书的方法去找朋友聊天，那可就不用受时间地点的限制了。当然，也要有选择才行，也要好的“朋友”。

我们在茶桌上倒好茶，也给“朋友”倒上一杯，根据心情去找“朋友”。

每当遇到什么问题不知道怎么办好时，我们就喜欢去找“蒙田”。比如，老咪问我，有的同学喜欢撒谎，对不对呢？我说，咱们找蒙田一块聊聊这个问题吧。于是，我们就一边喝茶一边翻阅《蒙田随笔》中的《论撒谎》。

蒙田说：“我认为，唯有撒谎和稍微次要的固执，才是我们时刻要防止萌芽和滋长的缺点。这两种缺点随孩子们的成长而发展。令人吃惊的是，一旦撒了谎，要想摆脱就不可能了。”

蒙田的话让我们大吃一惊，认为他的观点很对。我们都赞同不撒谎！

我们喜欢读谁的书，其实也就是喜欢和这个人交朋友，不论是古人还是今人。

于是老咪读谁的书，就给谁造一幅像。老咪给那些古人朋友说，我们既然是朋友，我就得按照我想的模样来画。因此，在老咪的笔下，一个个伟大人物，都长了猫爪和猫耳朵。

老咪在书的扉页上画上他们的像，每次一打开书，就笑着先给老朋友打声招呼，接着就翻开书卷，和老朋友攀谈起来。

编辑旁白：兴趣是最好的老师，是做好事情的原动力。孩子在游戏中，整个身心处于一种兴奋自由的状态、一种最富动力性的状态，这种状态会让孩子的情感、精神与知识、经验建立直接的联系，丰富认知，创造性地理解事物。

想知道那个“道”

道法自然。虽然道如影如幻，但事物无一不体现着道。

夕阳西下
突然看见一只蛙
咕呱
得道只在一刹那
——《得道》（老咪 11 岁作）

在和女儿一起讲读书的时候，我们经常说到“道”。这个“道”字竟然成了女儿的一件心事，就经常问我：那个“道”怎样才能看到？怎样才能摸到呢？

我跟女儿说：“实在地给你说，我哪里知道那个‘道’呢？只是听到别人说到那个‘道’而已。”

女儿很遗憾，说：“哼，爸爸竟然也不知道‘道’，那我跟谁学呢？”

我安慰女儿：“不要着急，虽然爸爸也不知道，我们可以一块去学嘛。古时候最喜欢谈‘道’的有两个人，一个是老子，还有一个是庄子。他们每人都写了一本书，老子写的书叫《道德经》，庄子写的书叫《南华经》，也可以叫《老子》和《庄子》。”

女儿听后很高兴，又问我说：“爸爸，老子为什么叫老子？庄子为什么叫庄子？”

在女儿的催问下，我只好赶紧地去翻书学习，然后现学现卖。

我给女儿说："老子是一个古时候最博大的真人的名字，人们还叫他老聃，还叫他李耳。"

我又进一步给女儿讲："那个老聃的'聃'，《说文解字》上说'聃，耳曼也'就是耳朵垂的意思；那个'曼'，就是长的意思。耳曼长就代表寿命长。总起来说，就是有一个年纪很大的耳朵很长的老头。"

女儿说："太有意思了！爸爸，你刚才不是说老子还叫李耳吗？他原来姓老怎么又姓李了呢？"

我又赶紧补充道："对，对，他还叫李耳。他为什么又叫李耳呢？这都怪那个庄子乱说。庄子说孔子曾经去见一位长耳朵的老者，于是，老子就变成了李耳了。"

女儿更加不明白，她问我："爸爸，是不是你也在乱说呢？为什么孔子见了长耳朵，老子就叫李耳了？"

我只好再仔细地给女儿讲："因为有一个字是'离'，离也是长的意思。你不是会背诵白居易的'离离原上草，一岁一枯荣'吗，那个离离就是长的意思呀。所以，庄子说有一个长耳朵的老者，后来有人就把长耳称为离耳了，叫着叫着又把离耳转成李耳了。"

女儿突然笑得直不起腰了，说："爸爸，可让你把我给转晕了！老子这个人可真麻烦，他到底是个什么人？"

我对女儿说："到底有没有老子这个人还很难说呢，因为最早讲到老子的是庄子，庄子不喜欢正儿八经地说话，很多故事和人名都是他制造出来的，谁知道是不是真有这样一个人呢？不过，老子的《道德经》却是天下闻名啊！"

女儿问我："爸爸，《道德经》说的是什么事情啊？"

我给女儿说："主要说的是'道'，就是人们平常说的那个知道的'道'。其实很多人不知道那个'道'。"

女儿说："爸爸，我也想知道那个'道'，咱们学吧。"

我说："好，咱们学！"

我和女儿认为，不论学什么，都应该是件快乐的事情，我们从平时的学习生活中也确实得到了很多的快乐，学习不应该是辛苦的事，更不应该是无聊的事。我们说要学习老子的《道德经》，心里可高兴了。

女儿说："爸爸，这次我们怎么学呢？"

我说："咱们再换一种方法来学习吧，这次咱们先用毛笔来抄写一遍《道德经》，然后再学习其中的意思好吗？"

女儿也十分赞同我的建议，我们就裁好宣纸，备好笔墨，女儿抄写，我在一边观摩。女儿写好一张，我就在女儿的房间里的墙上贴上一张，后来墙壁上全是女儿抄写的《道德经》。女儿不仅熟悉了整篇的《道德经》，而且还很好地练习了书法。

《道德经》贴在墙上，我们抬头就会看到，不想看它都不行。所以，女儿就会不由自主地念叨起老子来。

对"道"的追求，让我们越来越上瘾，不仅很认真地学习了一遍《道德经》，还学习了其他的一些书籍。还让我们感觉到十分有意思的书是《列子》，书中所讲到"华胥国"的故事，让我们十分地向往。

说是黄帝当年很忧虑天下没能够好好地治理，认为是自己的过错太深，于是他就采取了一种新的治理国家的办法，后来在梦中黄帝游到了华胥氏之国，华胥氏之国很遥远，是无法倚靠舟车足力所能够到达的，只能是神游。华胥国里一切都是一任自然，也没有什么当官的，老百姓也没有什么嗜欲。"不知乐生，不知恶死，故无夭殇。不知亲己，不知疏物，故无爱憎。不知背逆，不知向顺，故无利害。"不仅如此，华胥国的人也没有什么爱惜的，也没有什么畏忌的，跳进水里也不会淹死，走入火中也不会烧死，用什么东西击打他们，他们也不会感觉到疼痛。行走在空中就像行走在地上一样，睡在半空里好像睡在床上似的。云雾也不能遮挡住视线，雷霆也不会干扰了听觉。美丽和丑恶都不会让人心乱，高山和深谷都不会阻止人的脚步。过了一会黄帝的梦就醒了，黄帝因为这个梦而很感叹，说自己曾经用心地去求养身治物之道，可没有得到什么方法，在梦中却得到了，于是感悟："至道不可以情求矣！"

女儿小时候在公园里第一次看到了老虎就很喜欢，要让我给她买只老虎回家养。我说老虎很凶猛不能养，我们可以养一只老虎的师傅。女儿问我老虎的师傅是谁呀，我就给女儿讲了猫咪的故事，女儿因此就喜欢猫咪了，我们就买回一只猫咪。但是，女儿是属鼠的，夜晚的时候很担心猫咪把她吃了，于是就为自己起名叫“老咪”，以便镇住猫咪。我们在读《列子》的时候，突然看到了一个“养虎之法”，说是只要得了道，就可以驯养老虎。这下子可把女儿给高兴坏了，说：“爸爸，我们不敢养老虎，原来是因为我们没有得道啊！”

它说的是周宣王的一个负责饲养的官长的故事，讲的依然是得“道”的问题，主要是启发人们要处于中和的状态，因为天下所有的事物，都是势极必反。

进而，我与女儿又阅读了《关尹子》《文子》《抱朴子》等古籍。我们还一起写下了很多条学习的心得：

道法自然。

道在何处呢？无处不在！虽然道如影如幻，但事物无一不体现着道。善道者，一物之中，可知天尽神，知命造玄。

既然道很玄妙，岂能得之呢？道正如空气，如月光，伸开手，道在掌中，握手成拳，则月不见矣。所以，不得道，才会不失道。

女儿把她读《道德经》的感受用诗表达出来。

得道歌

庄子老子 / 得道轻之 / 一年如同 / 野马奔之 / 两年才始 / 收敛心之 / 三年等得 / 心无碍之 / 四年混同 / 天无我之 / 五年仿佛 / 大众归之 / 六年已经 / 通神鬼之 / 七年好像 / 明自然之 / 八年不知 / 生死忘之 / 九年于道 / 大彻悟之

（老咪 11 岁作）

得道

默默读书不说话 / 只有微笑嘴角挂 / 雨水流下小白桦 / 任它打湿缕缕发 / 夕阳西下 / 突然看见一只蛙 / 咕呱 / 得道只在一刹那

（老咪 11 岁作）

编辑旁白：父亲的陪伴和支持将孩子的好奇心发挥得淋漓尽致，热衷于读书、思考、提问的女儿9岁问“道”，11岁“得道”，从文学闯入哲学境地。

老咪参禅——老咪画

沉醉诗海，放宽心量

我们觉得读书学习真乃天下第一快乐的事情。

寂寞日
孤独时
谁在默念诗人的话
——《诗人的话》（老咪 12 岁作）

女儿刚上学不久，我们就分到了一套小型的三室一厅房子。女儿的房间的白色墙面和地面，完全按女儿的意愿处理，想怎么画就怎么画，想怎么写就怎么写。女儿大权在握，非常高兴，然后她就实施了她的梦幻一样的房间布置计划。首先，女儿用很大的排笔蘸着油漆，在房间的地板上写下了一个很大的繁体的“诗”字；其后，又用彩笔在两面的白墙上画上了画，还有她想出的文字；之后，又在房间的各个角落里摆上她喜欢的布娃娃和玩具。

女儿的房间果然十分奇特，来串门的朋友，一看到女儿房间就哈哈大笑，说简直是个童话世界。也有的朋友不以为然，说好好的房间，怎么能让孩子这样乱折腾呢？

有了良好的学习环境，学习的心情也是愉快的。我们觉得读书学习真乃天下第一快乐的事情，学校里的功课虽然我们也很重视，但是总觉得那是“次要”的，我们课外的学习才是主要的。每天急匆匆地赶着做完老师布置的作业，以便安心看书。

在小学阶段的前三四年中，我们花费时间最多的是学习各种各样的诗歌。有一年我们在书店里买到一部《诗海》，果然是诗歌的海洋，这部有关诗歌的书，基本上是一部世界诗歌史纲，也是一部世界名诗选。

每天学业之后的空余时间，我和女儿就在茫茫的诗歌海洋里航行。

女儿在《诗海》的书上写的题跋中说："读诗的时候也不一定真正懂得诗的含义，只是那时会在弥漫着烟雾的心海中，涌现出兴奋的浪花。"

女儿在读到乌克兰农奴诗人兼画家谢甫琴科的遭遇时，感动不已。谢甫琴科在地主家当家仆时，就偷偷地学诗学画，后来彼得堡的著名诗人和画家们发现了他的才能，以两千五百卢布巨资的代价，为他赎得了人身自由，帮助他上了艺术学院。1847 年因为他写反对沙皇统治和农奴制度的诗，被流放十年，被禁止写诗，但谢甫琴科仍用铅笔头秘密写诗。女儿就十分感动地在谢甫琴科的头像旁写下一句话："人力是无法拦住诗人写诗的！"

在阅读这些诗歌的时候，女儿学习的不仅是诗歌的艺术和技巧，更是得到了很好的人格修养；透过各个年代的各种诗人的眼睛，很好地观察了人类所处的宇宙这个大环境，以及人的内心世界的浩瀚；开阔了自己的视野，放宽了自己的心量。

女儿读诗、写诗，天天沉醉于诗歌的海洋里。她想用诗歌表达她内心深处的种种对于世界的感受，但是又总觉得很难用诗歌完全把心里的话语说出来，她感觉到了自己的无力和文字的笨拙。她的《诗》这样说：

一种无法用可憎的文字表示 / 却又没有别的更好的办法 / 安慰心灵 / 告别烦恼 / 虽然不能达到目的 / 却写得更多

（老咪 11 岁作）

我似乎知道女儿想用诗写出什么来，那是她幼小的心灵对于这个宇宙人生的种种反映。由于她学力的浅薄，由于她人生的幼稚，由于她修养的缺乏，所以内心是充满了疑问和矛盾的，犹如一片春天的野地，生满了杂草和野花，虽然充满了生机，却是杂乱无章，理不出头绪来。她甚至觉得自己写的诗都是"坏诗"，她说：

当写出它的时候／心中是什么滋味／连自己也不知道／真正的诗情不会逗留在那／知道写出的句子／不是心中的样子

（老咪 11 岁作）

她有时又觉得诗人甚为可笑，有一首题为《诗人》的诗，就是她心里的那种感受：

诗人，何时产生的怪物／奇思与傲慢／是你拿手的错误／你的错误／是雪峰上的树儿一株

（老咪 11 岁作）

我陪伴着女儿在诗歌的海洋里漂泊，我们如一只既缺乏方向又缺乏力量的小舢板，起起伏伏，颠颠簸簸，可是我们有一个很大的愿望，就是向着前方游动。

编辑旁白： 因为阅读和探讨，孩子的诗歌理论和诗歌创作在不断地飞跃，父亲帮助孩子将天赋变成了真正的才华。

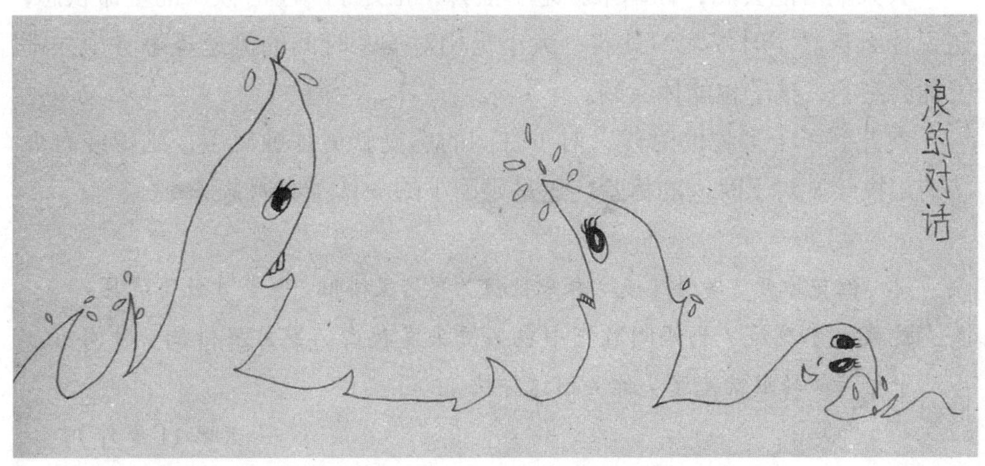

浪的对话——老咪画

是谁创造了时间

如果把每一个孩子对于时间的思考都用文字记录下来，肯定很有意思。

多想荡着秋千

一下子再回到我的童年

——《大路遥远》（老咪 7 岁作）

女儿小时候常常说，“我小时候”怎样怎样。我们听了就感觉好笑，心想，你才多大啊！

后来我发现，很多很小的孩子都好说出这样的一句话来：“我小时候……”有的才两三岁就喜欢说我小时候如何如何。

大人们可能会想，你本来就是小孩嘛，正处于“小时候”的生命状态，还说什么自己小时候呢？其实，大小是相对的，时间的流逝是每一个人都能体会到的，孩子也能体会到。

女儿到了十多岁的时候，对于时间的感受就更加敏感了，她曾经有很多诗篇描绘她对于时间的体验。这是她写下的一首《岁月》：

红花才开 / 黄叶又来 / 春来秋往 / 岁月里徘徊 / 爸爸才放下玩具 / 就戴上了花镜 / 妈妈刚放下书包 / 便头发花白 / 岁月里徘徊 / 时间中等待 / 转眼就走了 / 你为何这样快

（老咪 11 岁作）

时间让人发生变化，时间让万事万物都发生变化；变化了的东西总是让人感慨万千，给人一些恐惧和无奈。孔子站在河边都感叹：“逝者如斯夫，不舍昼夜。”

我看了女儿的诗，感觉到女儿虽然还是个孩子，但是对于时间的体验的确是很真切的，我们就常常一起谈论有关时间的话题。

我们读书时，发现很多很多的人和事，都成了永远的过去，成了所谓的历史。我们要去寻找过去的伟大人物和重大事件，只能打开书本去看。真是不可思议的事情啊！女儿写的一首诗《历史》，就是她的深切体会。

一幕幕往日镜头／一日日又在眼前／今天昨天明天／历史岁月时间／茫茫宇宙／伟人立于眼前／也许人间只有往日／现在与未来是个圈套

（老咪 11 岁作）

女儿的诗让我觉得十分有意思，她是在对时间进行分析。

是啊，不论什么在当时看来了不起的事情，什么事情不论人们在当时如何地煞有介事，都会成为虚无的过去，一如古人悲叹的：“青史几行名姓，北邙无数荒丘。”

不仅现在会成为过去，将要来到的“未来”也要成为过去。于是女儿对“现在”和“未来”都有点怀疑了，都有点没信心了，因为“现在”再了不起，“未来”再美好，都是要变化成“往日”的虚空。这个“现在”和“未来”，不过是个欺骗人的圈套罢了！

对于时间能这样去认识吗？我和女儿很认真地去探讨这个问题。

我发表意见说：“咱们也不能把‘现在’和‘未来’认为是圈套，这样有点不公平吧？”

女儿不服气，说：“它们（现在和未来）的确不可靠啊，来了又都走了。”

我争论说：“不对，那个‘现在’一直都在，现在我们就在‘现在’中啊，那个‘现在’不断地过去，又不断地涌来，和河里的水一样，河水逝去，河水流来，河水一直都在眼前。”

其实，我和女儿对于时间的问题不是越辩越明白，而是越辩越迷糊。按照我们的老习惯，对于弄不清楚的问题，我们就去翻书，看看那些已经成为“过去”的圣人贤者是怎么说的。中国诗人的伤春悲秋就不必说了，那些都是感性的吟唱，缺少理性的分析。在我们所翻阅的图书中，我们看到奥古斯丁的《忏悔录》中有关于“时间”的思考，十分兴奋，如饥似渴地阅读起来。

奥古斯丁说，时间分为三种：过去，现在，将来。他说：“三种时间是：过去的现在，现在的现在，和将来的现在。”奥古斯丁还说：“过去的事于现在是记忆，现在的事于现在是直觉，将来的事于现在是等待。”

有关时间的奥秘，人是无法完全弄清的，除非人能认识了上帝，因为上帝是时间的创造者。

在女儿没有读那些贤哲的著作之前，她写的诗篇，竟然有和哲人一样的对于时间的思考，这让人很惊奇。我想，不是我女儿一个人这样想过时间的问题，很多的孩子都想过，因为实在是想不明白，就不再想了。如果把每一个孩子对于时间的思考都用文字记录下来，肯定是很有意思的。

女儿这样写“过去”的时间，她认为过去的时间就是一种“记忆”。她的《记忆》这样写道：

过去的终归过去 / 何必再去寻觅 / 可是很久以后 / 才发觉昨日已无法抹去 / 往事的平淡突然变得奇异 / 从前的景物依然那么清晰 / 只是那份幼稚 / 已迷失在那片小树林里

（老咪 11 岁作）

后来我们看奥古斯丁的“时间的分析”，感觉到真有意思，奥古斯丁说：“过去从过去的观点看，它已不存在。……当我们申述过去，那个从我们的记忆里来的，并不是已经过去的事实，而是事实的观念，事实观念的代表——言语。事实经过我们的五官，在我们的像司里留下一种相对的印象。这样，我的童年，如别的过去，已经过去；可是当我记忆它，我谈论它，我在现在看见它的影像，因为这个影像还存在我的记忆中。”

是啊，“过去的终归过去，何必再去寻觅？”过去的东西进入了乌有乡了，所留下的不过是记忆。所谓的过去，不是其他的什么东西，而只不过是记忆。但在记忆中的东西，总又会散发出诗一样的光辉来。从老咪的诗歌中我感受到，在孩子的心里面，对于过去也有一种很丰富的感觉。

对于“未来”，孩子也有一种期待的感觉。老咪的《未来是谁》，就很好地说出了孩子的那种体验：

我的眼前似白纸般空白／正因为这样才能涂抹五颜六彩／万种情怀都系在眉端／使它时而皱起时而展开／时间匆匆去又匆匆来／从不在哪个角落里徘徊／一个个明天跟着一个个今日／现在总把过去拒之门外／未来是谁／未来是永久的期待

（老咪 12 岁作）

现在与未来是个圈套——老咪画

这种思考多耐人寻味啊！“未来”是什么？真的有一个未来吗？未来存在于某一个地方吗？

老咪想的是，没有“未来”，也没有“过去”，唯有“现在”。一个个“明天”都变成了“今日”了；变成今日的“现在”，又把“过去”拒之门外。在时间这个问题上，有什么呢？所有的不过是“现在”，而且“现在”也正在如水一样流逝成过去。

我们看到奥古斯丁在《忏悔录》中的“难题的答案”一节中感叹：“这是个永远的今天，这是没有明天的今天，这是个没有昨天的今天。你的今天，就是永远。”

可是，活在“今天”的人们，总还是被时间的谜折磨着。

老咪说：“现在与未来是个圈套。”

我说：“时间是一把长剑，它穿透了古往今来所有人的心。”

也许，只有像奥古斯丁说的那样，才能了解时间的奥秘：“今天我生了你，一切时间是你创造的。”

编辑旁白：长期的语言交流，阅读中的探讨、争执、辩论，王爸爸非常注意语言表达的丰富生动和逻辑性，锻炼了女儿的非凡口才：口若悬河，舌若利刃，谈古论今，纵横捭阖，妙语连珠，逻辑严密而又文采斐然。

人学习是为了什么呢

学习是为了弄清你看到的那些事到底是怎么回事。

人生是场庄严的游戏
每个玩笑都令人垂泪
——《人生》（老咪 11 岁作）

一个小学生，每天都要紧紧张张地背着书包上学、回家、做作业，我每次看到，都觉着他们是那样地辛苦和可爱。

我想，我要是像女儿那样小就好了，我就替她去上学；但是，我却是她的爸爸了，我只能尽我的能力帮助她一点什么。然而，我能帮助女儿的很有限啊，我的心总是惭愧的。

我每天看着女儿把作业做完，那也是一种很大的享受。我从来也没有看不起小学生的各种作业，我跟女儿交流，觉得那些作业都是很美好的，很有意思的。一个 1，再加上一个 1，就等于一个 2 了。什么东西都可以用这个公式去套，苹果加苹果是这样，梨加梨、一朵花加一朵花也是这样。人会这样算，小猫却不会这样算，这是多奇妙的事情！语文也是有意思的啊，这样写是一个字，那样写又是一个字，字和字连起来就是一句话，就能表达人心里的想法了。我和女儿都认为学习语文课本上的字和文章，都太有意思了。

女儿很得意又很遗憾地给我说："爸爸，我会用字来写诗，小猫却只会喵喵地叫，要是它们也会用字来写诗该多好啊！"

我跟女儿说："是啊，虽然小动物都很聪明，可是因为不会写字和写诗，就不能很好地和我们交流。小狗每次想向人说些什么，还得使劲地摇尾巴，可是尾巴总是不能把它的意思摇清楚。"

女儿说："它们不会语文和数学也很好！"

我问："为什么这样说？"

女儿说："它们从来也不用考试啊！"

我问："考试不好吗？"

女儿说："考试也好，就是考不好的时候，会受到老师的批评，也害怕家长生气。那时候心里真不舒服。"

女儿问我："爸爸，你小时候也考试吗？"

因为女儿的询问，我又想起了我小时候上学的情景，我就如实地给女儿说："我小时候也考试，考不好也会受到老师的批评，也会受到一些同学的讥笑。我记得我考试成绩不好的时候，心里可难受了，自尊心受到很大的伤害。"

女儿很有些同情我，说："爸爸，你也有考得不好的时候呀？"

我回答女儿："是呀，我也有考得不好的时候。考不好心里很尴尬，也不知道该怎样想这件事才好。"

的确，考试不好，心里是特别不好受的，但是一个还很小的孩子，除了被动地受老师批评和别人的讥笑外，心里的委屈不知道怎样释放和辩解。这些考试不好的孩子，才是最需要安慰的孩子。所以，我每次看到女儿如果考试的成绩不是很好，首先就去安慰她，告诉她不要紧的，只要继续努力，将来就会有好成绩。女儿没有因为成绩问题受到过很多批评，但是她的成绩确实一直不错。家长的安慰也是一种鞭策和动力。

我跟女儿说："学习的真正目的，并不是为了考试的成绩。"

女儿问我："那学习到底是为了什么呢？"

我说："学习是为了弄清你看到的那些事到底是怎么回事。比如，树为什么会发芽？太阳为什么会发光？很多东西为什么都可以用数字来算它？"

女儿好像领会了我的意思，不论学习什么总是从兴趣上入手，学习上反而没有了压力了，而且成绩还很不错。别人都说这个孩子真省心。

心境——老咪画

由于学习的目的是为了弄清"那些事到底是怎么回事"，女儿不仅对功课是那样用心，对一切看到的想到的事情都很用心，喜欢用心去想问题，而且对自己思考的问题都给出了自己的答案。虽然她的答案很可笑，但也很有趣，比如她写的《因为太阳的缘故》：

到了春天的时候／花在溪边开放了／草丛里的虫子钻了出来／这是因为什么呢／是因为太阳的缘故／月亮为什么会亮／因为太阳的缘故／天为什么一会白一会黑／因为太阳的缘故／为什么云朵会变成晚霞／因为太阳的缘故／树为什么会发芽／因为太阳的缘故／太阳把它照得太热了／它就长出一顶草帽来／挡住太阳的光芒

（老咪 6 岁作）

从对事物的思考，一直到对人的思考，女儿经常在想：人是怎么回事呢？

女儿就经常跟我谈论人的问题，她从自己的直接经验和间接经验中，有了许多对人的感受，她见到过孩子的出生，也看到过人的死亡，这些都让她产生了无限遐想。这是她写的一首诗《人》：

只有两笔／用尽天下的文字／也无法解释清／虽说一撇一捺／一笔是孩子／一笔是老人／中间那条河／流着人生的爱恨和欢愁

（老咪 11 岁作）

编辑旁白：王爸爸认为，要把学习做成一件快乐的事；重视学习过程，不要让考试成绩成为负担；培养学习习惯和学习能力，纠正功利性的学习目的。他觉得学习是为了弄清楚一切事物的秘密。这些教育观念其实是非常有见地、有前瞻性的，符合客观规律，是培养人才的“大法”。

在分离的日子里

原来一个人不光离不开爸爸妈妈，还有很多很多的东西是离不开的。

斜风细雨中
你立着，我立着
地球上，谁能想象出
两个诗人分离的场景呢
——《送》（老咪 11 岁作）

在女儿上到小学四年级的时候，我从济南调到青岛去工作了。

对于和我朝夕相处的女儿来说，和爸爸要分别两个地方，实在是一件很痛苦的事情。女儿把对我的思念写成了一首又一首的诗歌。

电话旁的等待

打开书／却无心理睬书中的字／一个人／相伴的唯有愁与寂／已是夜晚十点了／老爹的电话还没来／抬头，一片十点的星空／低头，一片十点的哀愁

小路

君不见长长小路入天庭／君不见弯弯小河奔大川／君不见老咪心中很茫然／小小麻雀会唱歌／一支歌倾吐心绪数万千／小小人儿不说话／最想接个老爹的好电话

路上行人来又往／没有人会和我一样／如果爸爸和我一起走／

小路就会很宽广？

雨中

天很黄很黄／如一位因沉默而憔悴的人的脸／有更多的乌云飘来／其时已是傍晚／我躺在床上／静听雨的演奏／听着听着，我睡了

又是雨声把我惊醒／举目窗外已是天明／踏上泥泞的小路去上学／手抚摸着透明的雨／有雨的清晨格外清醒／浓浓的树冠里／偶有一声鸟鸣

向前走是雨／向后走是雨

女儿以前上学，每天都是我骑车送她，后来她就自己走了。一个人在雨中行走在上学的小路上，只有雨水相伴，那种思念的愁苦和雨水一样多。她没有一个字在说思念爸爸，可是她的每一个字都是思念爸爸的心情。

那首《把风雨做成标本》，更是每次读都会让我难过流泪。

把风雨做成标本

听到风声、雨声、鸟鸣声／我就想起了你，爸爸／想起爸爸的时候／心中有很多忧伤／我把风声、雨水、鸟鸣声做成标本／夹在书里／藏起我对爸爸的思念

把做成标本的声音夹在书里／原以为能关住我对爸爸的思念／其实不然／那些被做成标本的声音／总会在我一个人的时候逃出来／让我重新又想起爸爸／它们来的时候／我想用思念的泪水把它们冲走／可是，因为它们被洗干净了／对爸爸的思念反而更加清晰

怎么办呢／怎么摆脱这些忧伤呢／对了，写一首诗吧／把我的思念写在诗中

女儿虽然天天生活在对我思念的痛苦之中，可是并没有因此而影响学习成绩，也没有影响她阅读课外书籍。因为她有一个动力，她知道爸爸希望她学习好，有智慧，所以，不论在什么样的状况下，她都要好好学习，天天向上。

分离——老咪画

一年以后，我们全家都要搬到青岛去了。虽然搬了家，孩子又可以和爸爸妈妈在一起了，但是，女儿又要面临另一种分离的折磨和痛苦。女儿要跟她的老师和同学，还有她熟悉的地方，她经常去看的山上的花草树木，以及她熟悉的生活告别了，她很伤心。

我们在济南居住的大院不远处有一座很美丽的“英雄山”，从女儿会走路开始，那就是我们常去玩的地方。我们有时在山脚下细心观察那些在草丛中的昆虫，有时爬到山顶远眺城郭或者仰面观看高空中的流云。

我和女儿总是一边观察一边思索，一边赞叹一边品评。我们所看到任何一样东西都奇妙无比，都会让人浮想联翩。我们想得最多的是，它们为什么会是那个样子呢？它们和我们到底是一种什么关系呢？当然有很多很多的事情我们都是想不明白的，不过，我们认识到很多东西与每一个人都是有密切关联的：如果没有大地，我们站在什么地方啊？如果没有天上的

爸爸留念——老咪画

云，那雨水从哪里来呢？如果没有那些树木和花草，那新鲜的空气从哪里来啊？这座山意味着女儿温暖而丰富的彩色童年，与爸爸大手牵小手的幸福情境，如今，女儿要离开它，要和在那里出生、在那里生长了十年的地方分别了，那是一种难以割舍的分别。

原来一个人不光离不开爸爸妈妈，还有很多很多的东西是离不开的。

女儿为那次分别写下了一首又一首诗歌。

告别济南

你说我不用去远方 / 好地方就在我身旁 / 看那长长的大桥 / 正孤独地为我延长 / 为了把笑留路边 / 泪水不愿让小河淌 / 终是无计可留你 / 如小河一直向海洋

你说我不用去远方 / 好风光就在我身旁 / 看那美丽的群山 / 正伸出苍松倾诉衷肠 / 为了不让我写难过的文章 / 十年的朋友们 / 压下悲伤强把欢歌唱 / 可我看见他们眼里还闪着泪光

（老咪 11 岁作）

对于老师和同学，女儿的留恋就更深了，那是用什么样的诗句也无法表达的一份感情。

女儿给一位名叫 M 的同学写的诗歌，什么时候看了，依然让人感动不已。

想念 M

我走的时候 / 你把手挥了又挥 / 微笑的嘴角 / 分明写着伤悲 / 火车已开了 / 你把车追了又追 / 折柳的手 / 却不被春风陶醉 / 我的面前 / 有个身影去了又回 / 金黄的裙子 / 染着点点的愁泪 / 我的眼里 / 有你种下的蔷薇 / 我不知雨中顺花瓣流下的 / 是水还是泪

（老咪 11 岁作）

编辑旁白：亲情，友情，温柔和感动，真诚的爱，是好孩子成长的营养，是女孩的人格魅力，是诗人创作的源泉。这一切，都从父母那里习得。

走在天边念故乡

想家的时候总是这样，下着雪却开着花。

走在天边向天外望
我身在的地方不知是什么地方
风筝为何不像鸟儿一样自由飞翔
——《走在天边》（老咪 12 岁作）

女儿在五年级的下半学期来到青岛，上青岛市南区实验小学。

我们在青岛也没有房屋住，就在女儿上学的学校附近租赁一栋房屋居住。对于从济南军区大院走出来的女儿来说，一时间实在不习惯，更应该说是有许多失落。以前出入的是有军人站岗的大门，上学有部队专门接送孩子的专车，还有熟悉的老师和友好的同学，如今，却是一片孤独和陌生。

女儿是个敏感而又有忍耐力的孩子，她很体谅大人，因此，从来不在口头上表达什么。不过，她知道，不论在什么样的情况下，把学习搞好，才是对爸爸妈妈最好的安慰。

在新的学校，女儿很快就得到了老师和同学们的认同，她尊重老师，友爱同学，大家都很喜欢她；又因为她连连取得很好的学习成绩，学校领导也都非常关注这个好学生。在全区竞选红领巾理事会主席的活动中，女儿所在的学校一致推选才转学不到半年的女儿去竞选。女儿不负学校师生的期望，一路领先，当选上了红领巾理事会主席。

在新的学习环境中，女儿虽然又像在济南一样，赢得了荣誉和掌声，但是，由于她有一颗十分敏锐的心灵，又习惯于思考问题，所以，她依然在她的诗歌中，倾诉了许许多多的思想感情。

女儿最大的疑惑，就是感觉失去了“家”，在租赁的房屋中，她有一种不安全的感觉。她在《哪里》那首诗中说：

我不知家在哪里 / 心里有阵阵空虚 / 我不知梦在何方 / 眼里有丝丝怀疑

（老咪 12 岁作）

我每每看了女儿写的诗，总是很惭愧，感觉自己没有给女儿营造一个很好的生活环境。其实，我也知道，女儿对物质上的要求并不是很高，更多的是一种精神上、灵魂上的思考。

我经常给女儿说起“家”的问题，我说我也很想念小时候生活的地方，感觉真美好。女儿知道她小时候生活的地方和我生活的地方是不一样的，就问我：“爸爸，你说我的家乡到底是在哪里呢？”

是啊，一个孩子的家乡，到底是在孩子出生的地方，还是孩子的爸爸出生的地方呢？我总是说不清楚。

有一天，天正下着霏霏细雨，秋天的凉风，给人带来一丝说不清的秋天的惆怅。我给女儿说：“每个人的家到底在哪里呢？或许就在雨水的那一边吧！”

女儿听了我说的话，就沉思了半天，后来她就写了一首关于家的诗。

想家

此刻我不想说话 / 因为我想家 / 想家的时候总是这样 / 一言不发
此刻我不想走动 / 因为我想家 / 想家的时候总是这样 / 凝固风化
想家的时候总是这样 / 下着雪却开着花

（老咪 12 岁作）

女儿每天都要急急忙忙赶着去上学，放学回家后还要急急忙忙地做作

回家——老咪画

业，我觉得孩子真是很辛苦啊。所以，不论女儿考试取得什么样的成绩，我都认为来之不易，值得骄傲，就是一时考不好，我觉得家长首先要做的也应该是同情和安慰孩子。

因此，女儿做作业的时候，我总是尽量陪伴着她，以便能给她提供些帮助。在陪伴孩子做功课的过程中，大人也会得到极大的享受。如果能体会到其中的美好味道，就会自觉地陪伴孩子学习了。只有在这样的心态下，对孩子的学习才会不急不躁，很好地体验孩子做作业出现的种种问题，理解孩子，也就易于和孩子在学习的问题上进行沟通了。

如果家长不能设身处地地了解孩子学习的实际情况，仅仅是根据学生的考试成绩发表意见，或喜或忧，或者训斥孩子，或者自己烦恼，这都是简单粗暴的态度和方法。

很多家长总是以为自己没有时间陪孩子，其实，根本问题还是自己的认识不够。

不论陪伴孩子做作业，还是空暇时间和孩子的交流，实际上都需要一种心灵层面上的沟通。只有在这个基础上，才能很好地去帮助孩子。让自己了解孩子，让孩子了解自己，这是比什么都重要的。

大人天天上班工作，孩子天天学校学习，在平平静静的生活的表层下面，我和女儿都知道，人的内心深处，总有另外的一种迷茫，就好像是走在天边的感觉。

走在天边

走在天边向天外望／我身在的地方不知是什么地方／风筝为何不像鸟儿一样自由飞翔

走在天边向天外望／希望能找到一片欢乐场／回首望才发现欢乐生长在故乡

可是故乡随时光愈漂愈远／唉，我再没有干粮／再没有力量／趟过痛苦的水／投入你的胸膛

（老咪 12 岁作）

编辑旁白：与至亲的分离，环境的骤变，都会给孩子造成很大的困扰和压力，会阻断孩子的人际关系，打破孩子心灵的平衡，带来心灵的挫折感。家长的理解和疏导，可以提高孩子的心理承受能力。

关注孩子的心灵，陪伴成长

解读孩子的心灵密码。

看天看地看水看鱼
看世界就像大大的谜
一个问号装着多少东西
就像皇帝的龙袍袖
包裹着山河万里
——《不知道》（老咪 12 岁作）

人，有身体，有大脑，有灵魂。这几乎是人人都知道的事情。孩子，不论多大的孩子，也都具备这些元素。生命就是这样奇妙。

既然孩子也是这样的人，他所需要的就不仅仅是吃好穿好成绩好。我从女儿那里观察到，她除了天天需要饮食，需要上学校学习，还在思考很多问题。

女儿每逢自己过生日，就会想到岁月的流逝，想到生命的成长，这些问题带给她的是什么呢？这是她写的《生日》：

生日

时光匆匆 / 似江之水 / 想起长大 / 不禁落泪 / 有人祝贺 / 不知何为 / 望窗之云 / 便无所谓

点上蜡烛 / 燃起余岁 / 每日所得 / 少于心碎 / 人不知我 / 我不

知人 / 何足畏惧 / 走向夕晖

（老咪 11 岁作）

读了女儿的诗，我思索许久。我想，不能简单地去看待一个孩子，不论他是多大多小，他们都有一个自己独特的精神世界，有神秘莫测的灵魂活动。要想进入孩子的精神世界，家长就要有一颗谦卑的心、平等的态度、学习的精神，不然，家长和孩子的心灵之间就会有隔阂，有障碍。

谁都知道，孩子头脑中总是有许多的问号，孩子也最喜欢提出问题，但是随着年龄的增长，“问号”会越来越少。为什么呢？我观察到那些很小的小猫，它们看到电视画面中的图像，总是很惊奇，用爪子到屏幕上去抓，抓不到就又到屏幕背面去找，后面也找不到，反反复复几次后，它就不再关心这事了，以后再看到便是熟视无睹的状态。孩子思考问题也是如此，如果没有人和他去讨论，去交流，寻找不到很好的答案，他也就会渐渐地失去兴趣。

女儿曾经写过这样的一首诗：

听听我的话

天地间，我知道一小片 / 人世间，我了解一点点 / 日月风雨中，我知道我是我 / 许多事儿让我联想好久 / 几多怕几多安 / 日新月异 / 花儿越开越好 / 人却不断变老 / 好好学习下决心 / 明日天亮又动摇 / 菲菲又该去上学了

（老咪 11 岁作）

读了女儿的诗，我看到了女儿的迷惑、忧虑和无奈。一个家长绝对不能仅仅关心孩子的学习问题，还要了解孩子的内心在想些什么。

根据女儿的《听听我的话》，我就和女儿随意地谈心，讲我们该如何去了解事物，我们该如何看待事物的变化。我在想，为什么女儿说“好好学习下决心，明日天亮又动摇”呢？肯定是有另外的事情影响了她的决心了。只有解决了孩子内心深处的问题，才能真正把学习搞好。

小小人儿探索世界

孩子都会有些什么样的问题呢？有些是很明显的，有些则是隐蔽的。对于那些隐蔽的内容，需要家长细致耐心地观察和思考，每个孩子都会有很多属于自己的小秘密。

女儿所写的《秘密》，或许正揭示出这个问题的奥妙。

秘密

枝头上结出了/酸酸甜甜的秘密/草地里长出了/花花绿绿的秘密/春雨说出了春天的秘密/秋叶说出了秋季的秘密/我有一个秘密/装在你心里/你有一个秘密/藏在我梦里/你我相对笑嘻嘻/这是大家共同的秘密/大自然也有一个秘密/它却引起人类无穷的忧戚

（老咪 11 岁作）

从这以后，我常常注意倾听，与她一同聊成长的烦恼，感受她一时的迷茫和困扰，陪伴孩子成长。我们家长一般来说往往十分重视孩子的生活和学习，很多孩子因为营养过剩成了小胖墩，很多孩子光注重学习成绩，压力巨大，心理出了问题，这正是不注意了解孩子内心“秘密”所致。要从心灵上关注孩子的健康成长。

编辑旁白：作者重视孩子的心理建设，注意解读孩子的心灵密码，培养了老咪罕有的乐观情绪与健康的心理素养。

小学生思考大问题

阅读唤起了我们对于宇宙人生的思索。

首首诗终于变成流星划过夜空
而诗人都非常珍惜这一闪而过
——《荒唐的诉说》（老咪 11 岁作）

自从女儿可以说话了，我就喜欢和女儿一起海阔天空地说这说那。我没想着对女儿“教育”什么，我是觉得她是我的朋友，我们可以一起谈论，一起交流。后来我认识到，不论和女儿谈论什么，其实都是一种“教育”，而且是互相学习。我从来不认为我是“教育者”，女儿是“被教育者”，因为我从和女儿的交流中，增长了许多知识和智慧；女儿是一个新生的充满想象力和创造力的孩子，她的成长让我发现多少奇妙的东西；我是已经在世界上行走了许多年的人，有多少人生的经验和感受可以告诉她。

我一直为自己没有很好地读过书、缺乏见识而惭愧，我是在一个天真无邪的小天使面前因自己的浅薄而惭愧。但是，我愿意把我在这个世界上感受到的东西讲给女儿听，犹如把装有所有玩具的盒子摆放在她面前，随她挑选。可我的内心是不安的，因为我不知道我献给她的“玩具”好还是不好。

我十八岁离开家乡出来当兵，一当就是二十年。我不知道为什么，不论我到了哪里，我还是怀念小时候生长的地方，那些村庄里的树、人、动物，那些地里的高粱、豆子、地瓜，那些水坑、沟渠、河流，它们都还是天天活跃在我的大脑之中。可是，等我回到家乡去寻找它们时，它们又都不在了，在的也不是原来的模样了，就像诗人说的那样，“纵使归来花满树，新枝不是旧时枝”。那种变化，那种无常，就深深地影响了我的心，我就想，什么都变了，还有什么意思呢？

我不敢把我内心深处的忧思告诉别人，怕别人笑话了去，但我却喜欢把我的内心告诉女儿，女儿听我讲我小时候的事，听得认真而又专注，然后就写出一首首的诗歌来，我看到女儿的诗歌中，总有我灵魂的影子。我觉得不仅是我参与了她的童年成长，我还把她拉入了我的童年。

我真心地向女儿道歉：“真对不起，我稀里糊涂地让你学会了写诗了。”

女儿反而安慰我说：“没事的，就像一枚硬币，痛苦的反面就是幸福。”

我觉得和女儿在思想交流上总是有一种莫名其妙的默契，在她整个的小学阶段，虽然每天都会考虑学习的问题，都要完成老师布置的作业，但是，我们都认为那不是我们所要考虑的大问题，我们所要考虑的大问题是什么呢？自己也无力说得清楚，我们只是知道那个大问题就在我们的内心深处。于是我们就不断地读书思考，阅读唤起了我们对宇宙人生的思索，我和女儿对于看到、听到、感受到的一切事物，总是会引起心灵上的颤动。

我们一家——老咪画

月亮

月亮是娲皇丢下的钻戒／从此她便与夜行人一共徘徊／月亮是上帝掉下的乳牙／咀嚼着天地间不必要的伤怀／圣人不知如何将烦恼排遣／流出了这颗不落的泪来／月亮凝结住一切悲哀／为的是让人间永驻情爱

（老咪 11 岁作）

当然，一个对宇宙人生的大问题都十分关心的学生，怎会不关心自己的学习呢？在整个的小学阶段，女儿对她所学的每一项课程都是喜欢的，就是对语文、数学、外语等以外的副科，也是充满了深情，投入了极大的热情去学习。学校里每个同学都要吹竖笛，她总是吹得最好，只要是自己听过的歌曲，就能够用竖笛吹出来。我们全家三口人，还有坐在一边的小花猫，经常在海风吹拂的傍晚，欣赏女儿的竖笛演奏。

一方面是一个天真活泼的小学生，一方面是一个思考人生的小诗人。除了学好功课外，还读很多课外的书，总是有很多的心得。如她读了李叔同的传记后写下《赠李叔同》：

浮云飘，太阳起／落花洒满地／春风赶去报悲喜／山河大海祝福你

祝福你，忆往昔／浪头与礁石别依依／叔同入空门／风也穿佛衣

穿佛衣，发削去／化作昨夜花满地／你身后留下一片神秘／枝头小鸟乱猜疑

（老咪 11 岁作）

编辑旁白：毫无疑问，作者的家庭教育是极其成功的。他的做法吻合了中国传统的教育方式与外国当代的教育观念的精华，所有的高深的理论和详尽的操作方法在他这里都体现在点点滴滴的爱与陪伴、阅读与交流中，他让女儿在童年发生了奇迹。他和女儿有一个更远大的学习目的：探究一切事物的秘密。

第三部分　中学

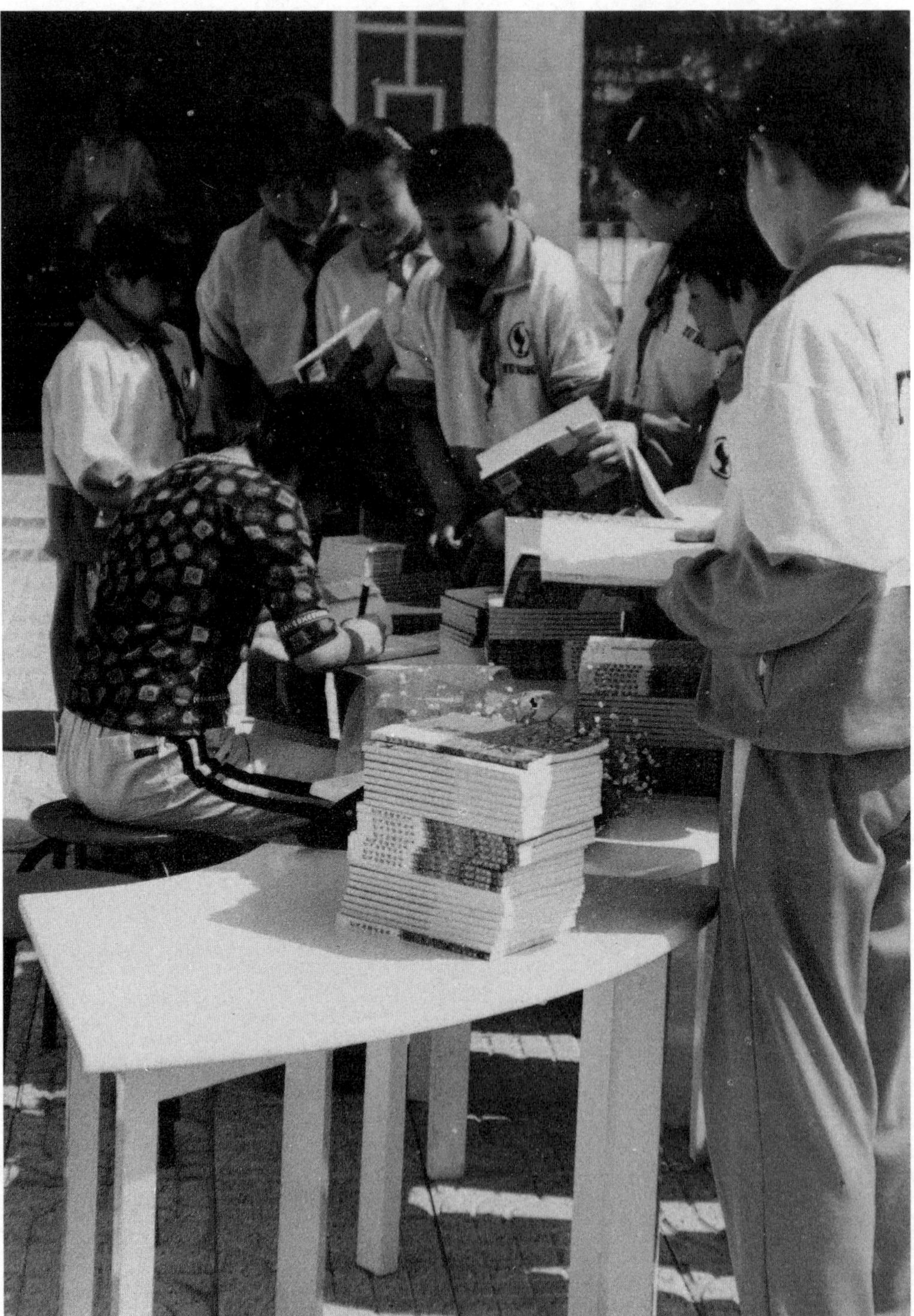

校园里开满牵牛花

学校不仅是学习的场所，孩子的悲欢安放在那里。

一粒自负的种子
卧在泥土里
它对自己说
迎着风
立起来
立成一株麦子
——《目的》（老咪 13 岁作）

女儿小学毕业了，按照电脑排位，被分在了一所离我们“家”（租住的房子）比较近的中学。

我和女儿都十分高兴，还没有开学，我们就去看学校。这是一所新建的学校，崭新的教室在初秋阳光的照耀下，明亮而又寂寞；校园里还没有完全整理好，一片片小山丘一样的土堆起伏连绵在校园的空地上，上面的杂草丛中爬满了牵牛花的秧子。女儿上学的小路就在那些土堆的一边。

走进新的学校，好像一切都是新的开始，心里充满了新的期待。新的期待，并不是我们要从新的学校里获取什么东西，只是欣赏着每一天新的时光。

女儿每天放学回来，就给我讲在学校里的种种状况，给我讲她在学校里的种种感受，还有她通过学习而获得的种种知识，以及她新认识的老师和同学。不论女儿讲什么，我都是喜欢听的，都感觉极有意思。一个学生经历的

事情，多么丰富多彩啊！当然，也有我作为一个家长的意见和建议，有一个家长对学校里的种种现象的评论。我把自己心里的想法和女儿交流，也是充满了极大兴趣的，我们感觉上学真有意思。至于学习成绩的好坏，我们也认真对待，但是不把它当成负担，所以，上学的时光，一切都是快乐的。

一般情况下，在学生上学去的时候，家长都喜欢嘱咐一句：课堂上好好听讲！我好像从未给女儿说过这样的话，因为我知道女儿从小养成的习惯，对眼睛看到、耳朵听到的事情，都喜欢注意观察和思索。所以，女儿不仅是在课堂上会用心，就是课外时间，她对于学校的一草一木也都用心去看，去想。

校园里土堆上的牵牛花开了，女儿每天早上上学都要经过牵牛花的身旁。一颗颗晶莹的露珠点缀在紫色的、红色的牵牛花上，这些野生乱开的花儿，传达着天地奥秘的信息，它们给女儿的学习生活带来了极大的愉悦。女儿放学回家，给我说起的不仅仅是学业功课，也常常说牵牛花的事情。我被女儿的情绪感染，也跟随女儿去看了好几次她们校园里的牵牛花。

有一天，那些土堆终于被推土机给铲除了，原来狼藉不堪的校园被整理得整洁明亮了。但是，因为牵牛花也随之被铲除了，女儿心中有一种说不出的失落。她失去了什么呢？她曾为此写了一篇短文发表在《美文》杂志上，那篇短文透露出了一个学生“不务正业”的心情。

牵牛花之死

我的中学没有操场，有的是一座不高不大的荒山。说它荒，并非它是不毛之地，而是因为山上有一些花草没有按照人的意愿长得整齐而有形。但我是爱它们的，它们多多少少和我有些“草”味相投。

每天早上，我都可以看到满山的狂绿。野草的长势比任何人的发型都帅，拉着手的紫色牵牛花起义军一般占据着绝大部分土地，每一个“小心翼翼”到达教室的人都要接受牵牛花伸出的手臂的阻拦。我想，牵牛花是在“收税”，因为它的双手充满严峻。可它对我毕竟是温柔的，也许我的心把握在牵牛花的手中。我把每天的心情交给花儿检阅，我可以感到我的血液顺着牵牛花的手访问了荒山的每一寸土地。在这个校园里，放了学不仅对老师说再见，也对山上的牵牛花说再见的恐怕只有我一个了……

终于有一天，学校要把荒山变成操场了，我突然醒悟到山要牺牲了。在这个学校里唯一有野性的东西将变成踏不起尘土、跑不起激情的水泥地。也许是山太野了，可有些东西天生便不需要遭遇主人，山的双目只是用来看天，不用来看规章制度；山的双耳只是用来听风，不用来听行为规范。山是一匹马，双蹄不按照“一二一”的口令前进；山是一把刀，只在血色中苍老。可是，山要死了，山上的牵牛花也要死了。推土机的声音正宣读着山的死刑判决。山和山上牵牛花的心情如何呢？

山并没有流泪，它宁可流血也不会流泪；满山的绿色都挥舞着，像是悲壮的傲视天下的弹痕百孔的军旗；牵牛红花依然伸出手臂。面对如此实在的茁壮，我不敢想象它的凋零。可能明天上学便看不见它了，我那等待检阅的心情又何处安放呢？

（老咪 12 岁作）

看了女儿的文章我才懂得，一个学生在学校所学习的，不仅仅是课堂上的功课，还有学校里的一切事物。一个学生要打开自己的心灵之门，才能让天地间的一切走到自己的心中来。

读女儿文章，也让我回忆起自己小时候上学的校园。不论是小学校园还是中学校园，校园里的每一个角落，每一棵树木，都会给学生留下难以忘怀的印象，甚至对学生将来的人生都会产生很多微妙的影响。

女儿问我小时候上学的校园有什么好玩的事情？我给女儿说有许多许多都清晰地记在我的心里，记得我那位女老师窗前的那棵梅子树，还有教师办公楼下的大枣树，枣树开花的时候，满院子花香。

女儿问：“有没有很神奇的事情呀？”

我说：“有啊！冬天的时候，我就特别喜欢早早地起来赶到学校来打扫卫生。我们校园的院子是土地，不像现在的校园是水泥地。在整个校园还寂静一片，没有一个人影的时候，我和另一位同学就早早地来了，然后拿起很大的竹扫帚，在园子里轻轻地、小心翼翼地扫起来。”

女儿很好奇地问：“扫地为什么还要这样神秘兮兮地啊？”

我回答说：“因为地面上有一层细细的浮土，每天清晨浮土上面都会出现一条一条蜿蜒伸展的带花纹的图形。我和那位同学就感到非常神奇，好像有什么神奇的东西就在我们身边。我们不敢很随意、很草率地扫掉它们的图像。我们只好怀着很敬畏的心情，轻轻地把那些图形扫掉了。等全校师生都来到了学校时，校园里一片欢腾，那些很神秘的气氛好像一下子也飘散了。”

女儿急切地问：“那些图形到底是谁画的啊？”

我说：“是呀，我们也很迷惑。就回家问大人是怎么一回事，大人说，学校里的教室都是以前的地主盖的房子，房子的年龄都已经很大了。那些老房子一般都会有守护着它们的长虫（蛇）在，那些图形都是夜晚长虫出来活动时留下来的足迹。”

“啊！长虫没有足呀，哪来的足迹？”女儿感觉好笑又好奇地说。

我给她解释说：“所谓的足迹就是长虫用肚子爬出来的，那些细密的花纹就是蛇皮的印迹。”

一个校园，不仅仅是一个孩子学习知识的地方，它是一个孩子生命成长的摇篮！

小乞丐的新装——老咪画

编辑旁白：理解孩子，像朋友那样交流和沟通，这是作者家庭教育的常态。

住阳台也能发现乐趣

在艰苦的日子中，一定要把日子过得愉快才好。

落花是我漂泊的诗句

春风是我曾经的叹息

——《落花》（老咪 15 岁作）

在女儿初中开学不久，我们搬家到了一个离女儿的学校很远的地方，每天上学要倒两次车，两头还要走一段较远的路。对于女儿上学来说，实在是不方便。

这是女儿来青岛之后的第三次搬家了，我的心里充满了惭愧。这不仅仅是学习上的不方便，而且对于女儿的心理也会造成影响，对于曾经有部队机关的车接车送的学生来说，一下子有这么大的落差，她心里会是什么样的感受呢？何况她又是一个内心十分敏感的人。我非常担心，想着一定要关注女儿的思想情绪。

我们新搬的家是一室一厅的小房子，女儿只好居住在阳台上。我们家虽然没有什么家具，但是图书很多。每次搬家的时候，搬家公司的人一看我们家没有几件东西，比较高兴。但是搬完以后却叫苦连天，说可让那些书害苦了，因为书很沉很沉。在新搬的家中，我们就把书堆放在地面上，一摞一摞，一直垒到窗户口。

我想，在艰苦的日子中，一定要把日子过得愉快才好，幸福永远在人的心里。我就把这样的想法一而再、再而三地传达给女儿。

我很轻松幽默地给女儿说：

“一个家，房子的大小好坏是无所谓的，主要是要看有没有书；有没有书也是次要的，主要的是看有没有好书；有没有好书也是次要的，主要是看这些书有没有读；书读没读也是次要的，主要是看能不能读懂读通；能否读懂读通也是次要的，主要是看读后是不是会用。”

女儿听了我的话就笑坏了，说：“爸爸，你这个读书的九曲十八弯，把我的头都转晕了！”

我们说笑归说笑，现实生活还是很艰苦的。女儿所居住的阳台偏向西南，总是被秋老虎一般的太阳晒得很闷热，女儿在那里居住读书做作业真是受了苦了。但是女儿学会了苦中作乐，居住在阳台上也获得了无数的乐趣。下面就是她记载那段日子的日记：

咪因来青不久，故居无定所。现住之处因室小，而咪睡于阳台，此处乃咪之天地。朝则白云悠悠，午则阳光万丈，暮则以斜阳洗出灵奇面目。至夜，更乐趣无穷，不必言“一窗明月半床书”，但只那月上嫦娥，销人魂魄，绰人眼光之身姿，即令人遐想万千。落花水面皆文章，怡神清兴可玩赏。咪之窗前虽无青山列屏、湖水献玉之美景，但一样东风，无二花开，亦令人心醉神迷。“春来尚有一事关心，只在花开花谢”的我，于每岁之秋，亦有似春之爱。更加之今又逢草已添黄，色早迎霜之际，咪每日立于窗前，夜则后花而眠，朝则先鸟而起。欲拢尽一声一色，勿使其偶遗也。咪之乾坤虽小，然幽同明月而留痕，雅似梅花且有骨。有星之夜如黄金结网烁烁若文章，有风之夕同云悲吐气愤愤似号令。块视三山、杯观五湖之失路英雄、逃名隐士，居斗室较摩苍苍、覆漫漫之广厦亦不失色。咪效颦于高人逸士，也欲于余之天地内铺开纸张，寄情笔墨。

我看了女儿这不文不白的一段文字，觉得有意思极了，好像她也体会到了“境由心造”的那种味道。

一个学生，不论在什么样的环境中，心轻松了，学习才能愉快。我陪

伴着女儿每天完成作业，然后就看“闲书”。晚上的时候，就一家人在房屋外面的空地上，铺一张凉席坐在上面，看天上的云，说心中的话。小猫咪也坐在凉席旁边，听我们讲天上人间的故事。

不去看重那些结果，只是尽心尽力地去学习，去读书，那种状态真是一种很享受的感觉。

那一年正好在评全国十佳少年，山东省所报的王筱菲据说已经十拿九稳了，山东教育报社都来采访老咪了，但是临近又有了变化，没被选上。我下午下班回到家，女儿正在那里做作业，我想该怎样把这个突然变化的消息告诉女儿呢？她会不会受到打击呀？我也知道女儿的心理素质是比较好的，干脆就直接告诉了她，说全国十佳少年又落选了。女儿听后，只是点了点头，继续做她的作业。她是真的没把这些事当回事，我看到女儿的这种状态，也由衷地佩服她的定力。

因为家离学校远，在路上总是浪费很多的时间，我就每天早早起来送女儿去上学。我们在公交车上总是一路交谈各种读书体会，把每天上学的路程也变成了学习的课堂。每天早上把女儿送进校门，然后含笑挥手告别，至今想来，真是一段辛苦而又愉快的时光。

正如女儿写的《远眺》：

在春天，什么都是绿的／在大海，什么都是蓝的／我心中，什么都是淡的／人世间，什么都是好的

远眺大海／天地在望／一轮红日映我满目迷茫／活一回，总想有点别人没有的／欢乐和忧伤

（老咪 14 岁作）

编辑旁白：住阳台，上学路远，荣誉得而复失，可是幸福仍然把握在自己手里。女儿的定力和乐观精神来自父亲长期的思想熏陶，以及从读书中不断地吸取精华。

好文章的尺度在自己手中

虚心听老师的意见，同时要保持自己内心的判断。

我是潜在波下的阳光
水妖是我妩媚的思想
——《大海深处》（老咪 17 岁作）

女儿从小就爱读书，爱思考，也喜欢写文章，所以在学校里写作文也是非常好的。不过，也不是所有的老师都欣赏她的作文，有时她的文章甚至还被冷落。

女儿就和我一起讨论什么样的文章是好文章这个问题。

她问我："爸爸，你说到底什么样的文章才是好文章呢？能不能也像用尺子量东西一样去量一量呢？"

我问女儿："老师怎么讲啊？老师批改学生的作文，老师肯定有个尺度啊！"

女儿说："老师讲得也很有意思，老师讲写作文要主题突出，文章要紧扣题目，还要层次分明，还要斟酌字句，还要如何如何，很多呢。"

我说："老师讲的都很有意义，那是写文章的一般技巧啊，作为一个学生都是需要掌握好这些技巧的。但是，这还不是写文章的最根本的'技巧'。"

女儿赶紧问我："爸爸，那最根本的'技巧'是什么呢？"

我笑了出来，回答女儿说："其实也没什么'技巧'，就是要用真心真情写文章，就是说，你所写的文章，每一句话，每一个字，都是为了表达出你心里的想法。只要按着你内心的思想去写就行了。”

女儿也笑了，她说：“我知道了，写出自己真心的话，就是好文章。”

我说：“对！”

女儿高兴地说：“以后，我知道自己的文章写得好不好了。”

我也很高兴地说：“看来我们想的一样了。一篇文章好不好，老师的评语是一回事，自己的感觉又是一回事，好与不好，应该自己知道。所以，好文章的尺度是掌握在自己手中的。”

就在我们为探讨写作文的方法问题而高兴的时候，女儿突然又产生了几分担心。

她说：“爸爸，文章的好坏总是按照自己的感觉去判断，会不会是一种骄傲自大呢？”

我想了想说：“这不是骄傲自大，而是实事求是。不过，一个人写的文章再好，也不应该骄傲自大，如果那样，他肯定写不出很好的文章来，因为世界上没有什么东西是值得人去骄傲自大的。”

女儿又说：“那老师的评语怎样对待呢？如果老师说你的作文写得不好，那又该怎么办呢？”

我很认真地给女儿说：“老师的评语，代表了老师对一篇文章的认识水平，所以，对老师的评语，还是要认真地去听的。你可以从老师的评语中，感觉到老师的水平。你认为老师说得很有道理，那一定要真诚地感谢老师的指点啊；你觉得老师说得有不合你的想法的地方，也要虚心地去听，只是自己要知道如何取舍罢了。”

女儿觉得我有点好笑，说：“你转了一圈，还是说‘好文章的尺度在自己手中’。”

我却是依然固执己见，说：“是的！一个人没有真心和主见，就不会知道文章的好坏。”

女儿忽然又把话题扩大了，她又和我讨论起什么是好学生和坏学生的问题；什么是庸才什么是天才的问题。

我是这样发表了我的意见的：我觉得，一个很差的学生，老师一眼就看出来了；一个很好的学生，老师也会一眼就看出来了；一个天才的学生，除非老师也是天才，不然他是看不出来的。

女儿以为我说得很有意思，就问我："你说我是什么样的学生呢？"

我看了看女儿，又想了想才说："我觉得你是个好学生。"

女儿似乎很不满意，就又问："难道不是天才吗？"

我实实在在，又无可奈何地说："我不是天才，所以我看不出来你是不是天才。"

突然，我和女儿都不约而同地笑了。

这样的一场讨论，我们最后就以哄堂大笑告终了。

我们没有弄清天才的学生是个什么样的样式，但是我和女儿都一致认为，既然是上学的学生，就应该下决心做一名优秀的学生才对。

女儿给我说，我写一首关于"天才"的诗给你看吧。

家门前的大海——王辉湘摄

天才的动作

一手扶日，一手揽月 / 与天地同笑 / 问风 / 那一腔血样的夕阳 / 是从哪一个温热的胸膛喷出

风无语而去 / 来的却是滂沱大雨 / 雨水斟入海这大碗 / 来呀，我们端起大海 / 一起痛饮

（老咪 14 岁作）

编辑旁白：这一节里，父亲教女儿作诗为文、为人处世的态度。在面对评论时，自己心中要有雅量，同时要有是非评判的标准。关于对自我的认定，父亲的回答智慧而幽默，相信聪明的女儿心领神会。我们看到王辉湘在教育女儿时，通常是温和的沟通交流，点到为止，从未有居高临下的说教，更没有训斥。

学《易》是难还是易

读书让我们不知不觉之间进入了一个美好的精神世界。

谁觉察
星空稠稀中
岁月在悄悄地拂袖而去
一袖寒风
令我无法呼吸
——《大地》（老咪 13 岁作）

学生上学是一件很辛苦的事情，但是读书却是非常愉快的事情，女儿和我都有这种感觉。平时，女儿急急忙忙地赶着做完作业，就是为了好和我一起读书，我很积极地帮助女儿去完成作业，也是想着女儿把作业做完后，我们好一起读书。

我们一起读书，从来不是想通过读书得到什么实实在在的好处，比如将来好当什么了不起的人物，将来好挣很多的金钱，将来好找满意的工作，都不是。我们读书就是在读书的那一刻是愉快的，是开心的。读书让女儿忘记了学习的烦恼，也让我忘记了世俗的污秽。当然，读书让我们不知不觉之间进入了一个美好的精神世界，与古往今来的圣人贤者交流思想，真是一件十分舒心的事情。

在初中一年级之前，我们读完了《大学》《中庸》《论语》《孟子》等，还读了黑格尔的《哲学史讲稿》等书籍，虽说读得云里雾里，似懂非懂，但是心里是快乐的，感觉读书真好。

在女儿上初中一年级的那个暑假，女儿问我：在这个暑假我们要读什么样的书才好呢？我让女儿自己选择，女儿就在书堆里选出了一套清朝陈梦雷撰写的《周易浅述》。这套书共有四本，要从头至尾地读完，着实不易。但是，我看女儿挑选了这套书，就向她建议说，咱们用一个暑假的时间，专门来读《周易浅述》吧？

读《周易浅述》之前，女儿问我："爸爸，听说《周易浅述》这本书很难读懂，是这样吗？"

我反问女儿："咱们以前观察过山上的小草，每种草长的叶子和开的花都不一样，你说谁能弄明白呢？"

女儿想了想说："真是谁也弄不明白小草为什么都长成自己那种样子。"

我就接着说："是呀，可是谁都会知道那些小草就是小草。"

女儿说："我不明白你说这些话的意思。"

我说："我的意思是说，平时人们以为很简单的东西，其实仔细一想，都没有真的弄明白；那些人们以为很高深的东西，其实仔细一想，也都是很简单的事情。"

女儿笑了起来，说："我明白了，你是说什么事情都有难和易两个方面。"我也笑了起来，说："是的，我是把这个简单的问题绕成了一个麻团了。"

我和女儿制定了一个学习《周易浅述》的计划：1. 一天学习一卦，坚持一个暑假；2. 学习一卦，画一图画；3. 学易小组，小猫参加。

注明：第一，"一天学习一卦"是个基本要求，总之要在一个暑假之中把《周易浅述》学完；第二，学完一卦之后，老咪就用彩笔把这一卦的意思用图画表述出来；第三，学易的时候小花猫总喜欢靠在一边，我们就把小猫也算是学易的成员之一。

一个炎热的暑假，就在我们学习《周易浅述》的热潮中不知不觉过去了。女儿画下了一大摞《周易》的图画，图画上还题写上她学易的体会。女儿给她的图画《周易》起名为《老咪学易》。

世人皆知《周易》一书，乃神明之道，凡俗之人怎能谓尽知其中的奥妙呢？不过，易之为书，虽理数象占所包者广大无边，但大旨是教人迁善改过，忧勤惕厉，以终其身。学易者能觉悟到这一点才是最重要的，不然，再学得能掐会算，又有什么意思呢？

那一年的夏天转眼就过去了，那一年的冬天转眼就到来了。

一天，我们突然接到一个朋友的电话，说是从河南来了一个老先生，是个周易大师。他住在宾馆里正闲来无事、颇感寂寥的时候，就打开了电视，电视一开便是山东卫视在播放介绍老咪的一个专题片。这位老先生就打电话询问他的一位朋友是否认识老咪，一听说他的朋友认识老咪，高兴极了，就让他的朋友找到老咪。

我和女儿来宾馆拜会老先生，他果然是个有意思的人，他8岁就当过道士，后来又在少林寺当和尚，如今是“当下居士”，是当时少林寺主持释永信的朋友。我们正在谈话的当儿，主持给他打来了电话，说有东西被盗窃了，让他算一卦还好不好找回来。他占出了一个“明夷卦”，遗憾地告诉主持，说是不好找了。

我和女儿都觉得这个老先生很好玩，也很神道。他现为某市佛教协会副秘书长，他给我们详细地讲了他的身世和经历。他还给女儿算了一卦，写在纸上，说以后看看他算得是多么奇妙。

过了几天，老先生要回去了，还给我们留诗赠别。我们也要“礼尚往来”。女儿说，她学了周易还是不会算卦，就让我给老先生写首诗吧。我就写了一首：

送中孚子当下居士申先生卫国大师归嵩山少林

萧萧起寒风／碧海欲结冰／我与中孚子／幸会在岛城／先生非凡士／道童又寺僧／天地多诡谲／先生心如镜／言出众人折／掐指鬼神惊／奈何终是虚／梦里再说梦／来去无凭事／情意却珍重／何日再有缘／竟夕听佛声／先生归山去／相送泪盈盈

学易竟然学出了这样的一段插曲，我和女儿都觉得真是有意思的事。

编辑旁白：在爸爸的引领陪伴下，孩子的阅读和写作开始登堂入室。

乾卦——老咪画

坤卦——老咪画

蛊卦——老咪画

离卦——老咪画

最大的快乐是读书与写作

怎么可以把少年的全部时光都抛掷在几本教科书上呢?

幸福在回首的过程中
才越发真诚
幸福在未来的期盼里
才令人心倾
——《涉入永恒》(老咪 14 岁作)

在女儿上初中的三年之中,我们换了三个地方居住,可以说是一年一个地方。有的地方离学校较近,有的却是很远。

一个又一个的春夏秋冬,女儿学校里的学习生活和大多数孩子的一样,是紧张、艰苦又充满乐趣的。女儿每天上学回来与我们交流一天的学习情况,是我们一家一天之中必需的功课,或者与女儿分享学习的快乐,或者与女儿一起分析遇到的问题,不论是好是坏,我们都很珍惜,因为我们知道这是我们一天生活内容的一部分,是宝贵的。

与孩子一起分享她的学习成果,帮孩子化解学习压力,这是对一个学生最好的帮助和督促。女儿取得了好的成绩,我们就一起高兴,女儿遇到了学习上的不顺心的事情,我们就一起嘲笑、藐视那些困难,然后想办法克服它。总之,我们的大原则是:学习就应该是快乐的,不要让烦恼跟随我们。

初中的学业虽然比较繁重,但是,读书写作依然是女儿不忍丢弃的一个爱好。她总是想尽办法，挤出一些时间来读书。读书之后还喜欢把自己的感受写下来。一家报社还专门给女儿开了个名为《书海栈桥》的栏目，让她专门给报纸撰写读书心得；当地的新华书店也免费提供一些书籍，让女儿为书店写些书评。这些事情虽然也要付出辛苦，但给我们的生活增添了极大的欢乐。

我和女儿都从自己的体验中认识到，一个学生，如果一天到晚所读的仅仅是学校规定的课程，那也太遗憾和可惜了，怎么可以把少年的全部时光都抛掷在几本教科书上呢？

读书是一件不爱读书的人体会不到的快乐的事情，读书最大的收益，就是读的那一刻很有意思。

我和女儿都很喜欢读法国的帕斯卡尔写的《思想录》，书中那些充满了哲理和智慧的语句，总是让人寻思再三。

智慧把我们带回到童年。

一切良好的格言，世界上都有了；只是有待我们加以应用。

令人烦恼的不是事物，而是人对于事物所怀的意见。

我们永远既不如我们所想象的那么幸福，也不如我们所想象的那么不幸。

一个人的精神越伟大，就越能发现人类具有的创造性。平庸的人发现不了人与人之间的差别。

知道灵魂究竟有朽还是不朽，这件事关系到整个生命。

思想形成人的伟大。

一句句话语像一串串的珍珠，吸引着我们的目光，诱导着我们的心灵。想放下书本不读都很难。我有时就半开玩笑半当真地跟女儿说，我们一定要改掉爱看书的“坏毛病”！因为有时觉得看书会着迷，会伤害眼睛。

本来读书是为了好玩，为了快乐，结果读书读得喜欢思考问题，女儿就养成了这样的习惯，而且她总喜欢把自己胡乱思想的问题写下来。下面是一家晚报所发表的女儿的一篇文章。

别处

思考死亡应该是对现有的活的生命的一种责任，好比在做一件事之前想好它的后果。原本没经过商量我们就不容置疑地降生了，并且极有可能再不经任何商量地无可避免地离开。因此，每一个人都极有必要思考一下这段只有暂时使用权的时间，也就是生命的始终。

最初的最初，春天消融的冬雪、夏天憔悴的春花、秋天消瘦的夏叶、冬天老去的秋实，让年幼的我惊讶美丽也一样有结束。于是蔚蓝的思想里第一次有了惊慌失措的感叹。不是为了布娃娃，是为了生命的意义。三岁的时候曾严肃地问爸爸："玩是为了什么？吃饭是为了什么？"爸爸说："你是一个三岁的哲学家！"虽然不懂哲学家这个"家"是不是很厉害，但也突然升起一种肃穆的感觉。

四岁时，我开始和猫一起生活。那时猫这个名字及猫的外形，并没有让我这个还没有当惯人的小人儿对它产生非人类的隔膜，跨物种的情感在不设防的心灵间建立得出神入化。没多久，我的猫要生小猫了，当我从它的眼神里读出了期待时，我也开始期待。但它生了一只死小猫，这个生命还没开始就结束了。望着还温热的身体，看着还没睁开的眼睛，我百思不得其解。

爸爸说："它死了。"

我问："怎么样就叫死了？"

爸爸说："它本来要和我们生活在一起，不过现在要搬到别处去了。"

"别处远吗？"我惊讶地问爸爸。

爸爸想了半天，说："我也不知道。"

我很疑惑，甚至惊恐。爸爸知道这个城市的每一条街道，竟然不知道"别处"，看来"别处"很远。我突然很伤心，我说："不知道的地方就叫远方。"

我的猫舔着那只小猫，眼神像一杯涩涩的浓茶。我很想分担，

但我不知道“别处”是哪儿。后来我想了一个办法，把小猫和各种种子埋在一起，等春天来了，小猫就和种子一起发芽了。爸爸说：“这个办法很好！”

春天来了，各种种子都发芽了，但是小猫还在“别处”。但第一次对死亡的无可奈何已在年复一年的春风中淡化……

许多年后，明白了“别处”是个有去无回的人人都要去的终点站。从此，每一次大笑的背后都挂着隐藏的为整个人生而垂的泪。开始体会到物是人非是这样内在的悲哀；似水流年是这样无奈地流逝；一层黄土是这样遥远的距离。生与死之间有这样多的故事和意义。

人类自古为着生与死之间能走得更好，想了许多办法。道、儒、释等这种种学说都是寻找永恒“幸福价值”的一种殊途同归的做法。

哲理的成长——老咪画

各种没有答案的追问，各种没有标准的回答，都是人们在生死之间的挣扎。

那么，当我们很难无动于衷地面对生与死的过程时，就留一个淡淡的微笑吧。虽然人生是场庄严的游戏，每个玩笑都令人垂泪。但擦干眼泪，生与死之间，每一天都有太阳。

（老咪 14 岁作）

一只小猫的死亡，引起了许多对生命的思考。后来那只猫咪又生了两只小猫，很有意思的是，那只大猫一只耳朵是很黑的，一只耳朵是黄的，它生的小猫，竟然一只像它的左耳朵的颜色，一只像它的右耳朵的颜色。我们就高兴地给这两只小猫起了这样的名字：左耳朵，右耳朵。

编辑旁白：读和写都进入哲思的层面。

寻找人生行为之标准

什么事情都应该让孩子学会去面对，而不是回避和躲藏。

季节流转是个恼人的过程
没见过花开就不会思念春风
——《冬天的树》（老咪18岁作）

我不是一个哲学家，但是我经历过的许多事物总是让我想了又想：那一茬茬的庄稼，收了种，种了收，人的辛劳汗水伴着庄稼的美丽，如河水流续不尽；月光下做游戏的孩子，一次次拉起的小手，又一次次松开，终于鸟一样四散飞去；那些可爱的羊和狗，我们是多么亲密无间啊，可是我竟然想不起它们的下落；最让人痛心茫然的，是自己最亲的人，竟然会和自己生死两界，那坟头的青草好似灵魂的火苗，把人的心情烧成灰烬。

在这一切面前，人该怎么办呢？

就是在我如此一片混乱迷茫的时候，女儿来到了这个世界，来到了我的面前。

在她最初的一声哭、一声笑的时候，我就觉得这是女儿和我的对话了。可是，我诚惶诚恐，我说给女儿的话语有什么用处吗？没有用处也就罢了，那要是再有坏处该如何是好呢？

我虽然也为女儿做许多事情，比如抱着她玩，给她喂水喝，给她穿衣裳。但是，这算得了什么呢？作为一个爸爸，我还应该把人世间最重要的东西告诉女儿。

那最重要的东西是什么呢？我实际上很迷茫。可我知道这个重要的东西之外的事情都是次要的。女儿上幼儿园、上小学，不论学习什么功课，我们都是轻松的，因为知道课业、成绩不是最重要的，但又都是应该重视的，因为任何一样东西都可以看到那个最重要的东西的影子。因此，什么功课又都想学习好。女儿上到中学的时候，读书多了，思考多了，我们所要寻找的最重要的东西渐渐拨开了云雾，原来是对宇宙人生的思考和追问。

女儿在 11 岁的时候，我的哥哥、她的才 40 多岁的三大爷去世了。三大爷曾经很疼爱她，女儿目睹了自己的一个亲人从病危到埋葬的过程，无常的人生使她幼小的心灵思考得很多很深。在清明节扫墓的日子里，女儿为她的三大爷写下了这样的诗句：

碑文

走遍人世归何处／又回山中当老虎／碑上铭刻你的名／唯有松柏仔细读／尘埃落满谁来擦／唯有夜风和晨露／年年清明到来时／纸花开放在泥土

（老咪 11 岁作）

（注：老咪三大爷属虎，故有“又回山中当老虎”句。）

读女儿的诗，我体会到了女儿那种哀伤的心情。谁不想让自己的孩子一生都快快乐乐、平平安安、无忧无虑呢？然而，人生却恰恰是一场风雨行程。所以，什么事情都应该让孩子学会去面对，而不是回避和躲藏。

面对自己所处的宇宙人生，该如何是好呢？我和女儿在学习中发现，人生观从大处分，无非是“乐观”“悲观”“超然观”几个方面。

女儿认为她属于“超然观”一派的人，很多人认为诗人容易得忧郁症，可是女儿从来都是充满了喜乐，她甚至认为伟大的诗人屈原、贾生等都是属于“悲观”一类的人，更喜欢庄周、释迦这样的超人。女儿说，她喜欢做一个超然入世的人：“不为功成而色喜，不为事败而丧志。”

女儿评价我是超然出世派。

女儿也的确是“超然”又“入世”，她十分喜欢和同学们一起搞各种各

样的活动。有一年，在有关部门的支持下，她和几位中学生一起办了一个“两代人书友社”，总共有二百多名社员，同学们在一起谈读书经验，举办读书交流会，还办了自己的刊物《成长春秋》，使很多同学从中受益颇多。

《成长春秋》——初中时，老咪和同学办的杂志

老咪为杂志写的序言

编辑旁白： 以什么样的心态活在世上，其实也是三观的问题。所谓超然入世，意即看清这个世界，并热爱它。这是小小老咪笔端流露大家风范的思想基础。

“别裁伪体”与“转益多师”

不善于选择优秀的人物作为自己的老师，实在是一件遗憾的事情。

我来人间十七春，腹有奇气目空人。
向来只肯追日月，不随他人脚后尘。
——《老咪拜师记》（老咪 17 岁作）

女儿从很小就喜欢读书，作文写诗都发自内心，颇有一番自负的气概。随着学习的深入，年龄的增加，才逐渐感觉到自己的幼稚和可笑。

我们曾经读到过这样一则故事：

有几位妇女在席间赞赏一个年轻画家画的一幅肖像画，她们说：“值得惊赞的是，他是全靠自学的。”歌德却说：“我们看得出这位年轻人有才能，只是他全靠自学，因此，你们对他不应该赞赏而应责备。才能不是天生的，可以任其自便的，而是要钻研艺术，请教良师，才会成才。”

这则故事讲得多好啊！一个学生，一个青年人，一定要学会请教良师，一味地自以为是的学生，是难以成才的。

于是，我们就十分注意抓住遇到良师的机缘。一个学生，当然在学校里要专心地向自己的老师学习，但是，仅仅局限于学校的老师似乎是太狭隘了，只要在实际的生活中能遇到好的老师，就要紧紧地抓住，虚心地学习。

现代生活中实在是不乏老师，招募学生的广告触目皆是，但是，真正值得跟随的老师也不多。所以，选择好的老师也是一件不容易的事情。杜

甫有诗曰："别裁伪体亲风雅，转益多师是汝师。"说得多好啊，要鉴别真伪，要弄清楚什么样的老师才可以当老师；只有弄清楚了真的、好的老师的前提下，才能"转益多师"。一如歌德所说："假如我没有在石头上费过那么多的工夫，把时间用得节省些，我就很可能把最珍贵的金刚钻拿到手了。"

在女儿 13 岁的时候，我们有幸认识了著名的教育专家陶继新老师。他专程从千里之外来采访老咪，我们一见到他那种为人师表的样子，立刻就产生了遇到了一位好老师的感觉。后来的时间证明，陶继新老师果然是位好老师，他懂得欣赏学生，爱护学生，关心学生。十多年来，陶继新老师一直关心着老咪的成长进步。他对老咪是这样，对很多学生也是这样，谁遇到这样的老师都是一生的幸运。遗憾的是，很多遇到了这样的老师的学生，却认识不到这种老师的可贵，就随随便便地失之交臂了。

为了孩子 6

少年奇才

奇才老咪不是谜

中学生報

ZHONG XUE SHENG BAO

山东省优秀报纸

读者是主人，质量是生命

——老咪

深邃的小诗

陶老师采访老咪所写的文章

有一年，也是在女儿上初中的时候，一位名叫李代远的四川画家在他的朋友处看到了女儿《因为太阳的缘故》和《把风雨做成标本》两本诗集后，竟通宵读完了这两本诗集。他感觉很奇怪，这么小的孩子怎么竟然写出了如此有思想、有文采的诗篇呢？就通过朋友找到了我和女儿，经过几次来往交流，彼此很有共通之处。后来女儿真诚地拜李代远先生为师，向他学习国学和书画，十几年来，也是师生交流不断，受益很多。

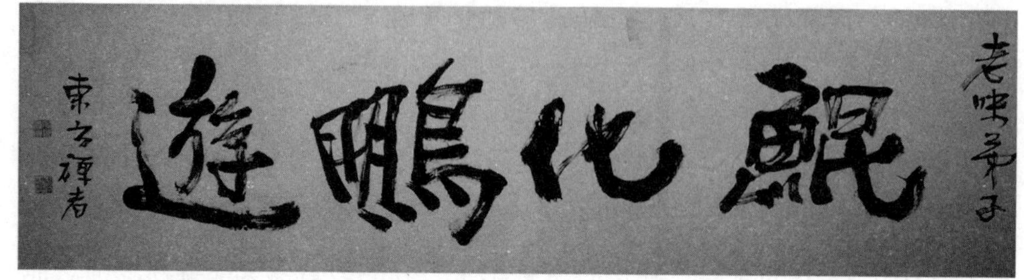

李代远先生为老咪写的匾额

女儿还有幸认识了和我们居住在一个城市之内的李工先生，他是个赋闲在家的读书人，当过老师、工程师、厂长、经理，对各种学问无所不窥。我们就拜李工为读书的指导老师，以前有很多我们闻所未闻的书籍，都是李工赠送的。他不光送给学生书，还经常检查督促学生读书。女儿在整个的中学时代，读书水平的提高，与李工这位老师有极大的关系。

李工老师常常感叹的是，虽然自己“好为人师”，但是很少有人“好为学生”，使得李工颇感寂寞。

女儿曾有这样一则读书笔记：“夜读陆游，泪如泉涌。思及许多高人，才学虚置，李工大爷即是如此。李工，民间学者，勤于治学，文章学问俱佳。李工常常赠咪书籍，皆为上品。又爱询问：‘读毕否？’咪每每恐慌，读书不辍，以待垂询。李大爷性情中人，每论天下则不能自已，或歌或骂，大有古人之风。咪常笑其手无权柄，纸上谈兵。李大爷敛笑曰：‘不求闻达于诸侯，只求诸侯可侧耳听我一言。’”并赋诗一首，赠李工大爷。

诗赠李工

李工吾大爷，德高文卓然／道心思国事，神笔析尘寰／藏书有万卷，俗世无一官／四方论经济，其实不爱钱／天下有污吏，常使英雄闲／世上无武王，太公钓何焉／红尘莫认真，古今且超然／往古兴衰戏，来今亦笑谈／屈子泽畔波，放翁思中原／千秋高人泪，万载未曾干／青莲且烂醉，陶令眠南山／史册放达客，壮心皆萧然／晨起对花鸟，强于手把卷／黄昏宜乘月，月明过灯盏／天下原太平，

文章徒添乱／学问如长剑，半生挂壁间

（老咪 17 岁作）

虽然是幼稚可笑的思想和诗篇，但是师生之间的诗文唱和，也的确为课余的学习生活增添了许多乐趣。

女儿在十多岁的时候认识了旅居英国的作家马建，马建既像老师又像朋友，与老咪平等自由地谈文学、谈哲学、谈艺术、谈人生，谈中国、谈外国、谈过去、谈现在，使老咪在思想修养和文学艺术等诸多方面都得到了迅速地成长。

我和女儿在一二十年的学习生活中体会到，一个人再聪明，再是天才，都需要不断地向前辈和同辈学习，何况我们还是平庸的人呢？一个人，尤其是一个学生，不善于选择优秀的人物作为自己的老师，实在是一件遗憾

老咪在英国留学期间与马建合影

的事情，因为那样是难以使自己尽快成长的。

歌德就说："我们一生下来，世界就开始对我们发生影响，而这种影响一直要发生下去，直到我们过完了这一生。除掉精力、气力和意志以外，还有什么可以叫作我们自己的呢？如果我能算一算我应归功于一切伟大的前辈和同辈的东西，此外剩下来的东西也就不多了。"

实际上，不论一个人善于还是不善于寻找学习的老师和机会，这个人都是要被他人所影响的。无非是一个是择善而从，一个是随风飘浮；一个是主动，一个是被动罢了。

编辑旁白：老咪有爸爸的君子之风，又灵性脱俗，天才四溢，得到了各方高人的喜爱，自然受益多多。

中考时的抉择

高中阶段，你要选择什么，需要你闭上眼睛好好想一想。我当然尊重你的选择。

人生岁月有尽头
每步都应认真地走
下决心走一幅丹青妙图
老后一望泪双流
——《决心》（老咪 13 岁作）

三年的初中生活很快就结束了，下一步是读高中。中考对于一个学生来说，也是一个十分紧张的紧要关头，每个学生都积极备战，准备考出好的成绩。让我们很伤脑筋的倒不是如何考出很好的成绩，而是考虑在高中阶段，应该把学习重点放在什么上面。

我认为，一个学生需要学习的东西很多，尤其对一个对宇宙自然充满了好奇心的人来说，总是恨不得把所有的知识都学到手，以便解决内心的疑问。康德就问过这样一个问题："大自然到底是可以究诘的吗？"是啊，要想究诘这个奇妙的大自然，那该需要了解多少学问啊。然而，人生有限，用上全部的生命时间，又能学到多少呢？"人生不满百，常怀千岁忧。"可是，忧也没用。

在跟女儿讨论这个问题时，我发表意见说："在高中阶段，有的学生偏重文科，有的偏重理科，主要是看各人的天分、爱好和兴趣。你要选择什么，需要你闭上眼睛好好想一想。我当然尊重你的选择。”

女儿说：“学习的道路是既漫长又曲折的，将来的主要学习方向我也说不准，不过，现在想趁高中这个时期学习一下美术。”

我问：“你将来准备要当艺术家吗？当画家？”

女儿答：“那倒不一定，也可能是个画家啊！不过，我没有有意要去当画家。我只是想再学另一种本领，将来好用绘画表达我的思想感情。”

我笑着说：“这个想法也有道理，也有意思，如果你愿意，我也没意见。”

女儿也很高兴，说：“得到老爸的同意和支持，那我将来学习起美术来一定会很愉快。”

于是，我们就又在征得女儿妈妈的同意下，决定上美术学校。在青岛，最有名气的美术特色的普通高中就是青岛第六中学，我们就决定报考这个学校。女儿在所要填写的几个志愿上，全部都填写上了“六中”“六中”“六中”，最后还注明“不服从分配”。

青岛第六中学是专门的美术专业学校，考这个学校的学生，一般情况下都是从很小就经过良好的美术知识训练的。女儿虽然平时也喜欢画一画，但都是自己乱画，没有正规的美术知识，要考进这个学校还是很有难度的。

女儿的文化课虽然没有问题，但是美术专业知识是个欠缺，这是让我们比较担心的问题。作为学生的家长，我的压力一点也不比学生少，于是我就到处请教有关的美术界的行家，该如何解决这个难题。说一千道一万，没有一定的硬功夫还是不行的。我们就请专门的老师对女儿的美术知识进行强化训练。经过一段时间的艰苦训练，女儿终于如愿以偿，考进了青岛第六中学，专门学习起了美术知识来。

在女儿学习美术的日子里，好像我们全家的生活内容发生了转变似的，整个的家庭气氛突然充满了艺术的韵味。

女儿每天放学回来，吃饭的时候，总会给爸爸和妈妈讲述她所学习的课程，我们也就跟着增添了美术知识，女儿成了我们的美术老师，我们成了女儿的学生。成为女儿学生的还有我们家的小狗和小猫，它们好像都在那里认真倾听。那种全家总动员，一起学美术的情景，什么时候想起来都是快乐的。

女儿画素描，她妈妈是她的“专业”模特，小狗和小猫也都是，女儿画它们时，它们都是静静地坐在那里，很配合的样子。

为了能和女儿进行美术方面的交流和学习，我则专门订阅了《世界美术》《现代艺术》《美术研究》《艺术与设计》等多种专业杂志。一有时间就翻阅起来，把自己所学到的和所体会到的东西拿来和女儿讨论。

女儿在学习美术方面，也不断取得优秀的成绩，在学校也是一名优秀的学生，还是一名优秀的学生会干部。这些都给全家的生活带来了光明和欢乐。

为老爹造像——老咪画

学习美术虽然是女儿的“专业”，但是，由于我们多年养成的习惯，总是喜欢阅读各种各样的书籍，美术方面的学习并不是占用我们学习的大部分时间，倒是其他方面的学习，占用业余时间更多。很可笑的是，她竟然在神不知鬼不觉的情况下，把金庸的武打小说全部看完了，经常给我讲各门各派的功夫，自己俨然成了一个武林高手。

写诗也是女儿不能舍弃的一种爱好，是她平时表达倾诉思想感情的主要手段。在学习美术的空暇时间，她写出了她的第三本诗集《你去哪》，这本诗集更多地表现出了一个高中学生对未来的期望和迷茫。

女儿在她的自序中写道：“在日子繁忙到让夜里的梦都成了心灵的稀客时，白日的梦就显得不可思议。诗便是白日的梦，作诗像做梦一样，是不能用作秀的态度的，而且在它诞生的时候和世俗无关，在它完成了以后也迎不来什么俗世的褒奖。除了真诚的情感，没有什么可以成为一首真正意义上的诗的原动力。”“哲学提出了许多不是问题的问题，诗做出无数不是回答的回答。哲学与诗都与我有着莫大干系，是种逃不掉宿命的方向，因此这本诗集叫《你去哪》。”

老咪的第三本诗集

我特别喜欢女儿这本诗集中当作书名的那一首诗《你去哪》。

你去哪 / 风中呆立的我 / 问风中呆立的蒲公英

在落日和你我之间 / 什么也没有 / 只有一丝牵你远去的风 / 就这样走了吗 / 怎如此行色匆匆

让我用杯盏斟起最后一片落叶 / 在开满野花的池塘边 / 为你送行

（老咪 17 岁作）

我知道，女儿虽然在高中阶段选择了学习美术专业，但是不论学习什么，她都是想通过种种方法去探求那个让她迷恋的根本的东西。

编辑旁白：民主开放的家庭氛围里，所有重大的选择都可以讨论，最后由当事人决定。

终于有了“半壁江山”

对院子里的每一种植物，都要予以极大的尊重，给予在此生长的权利。

你给我的，便是半壁江山
是悲是喜都万金不换
另一半留给你
是成是败我都不曾走远
——《半壁江山》（老咪 17 岁作）

我们移家到青岛的前五年时间里，一直是租房子居住，而且换了五个地方，一年一换。生活真像无边无际的大海，家犹如漂浮在海水上的一只小船，颠颠簸簸，叫人惶恐不安。

我们盼望着单位能够分给房子，但是一次一次地分房，总是轮不到我们。原来展现在前方的分房希望越来越小，直至一片渺茫，直到不再抱有希望。

虽然居住的地方不安定，我和女儿最重要的事情却还是读书，那时我给女儿常说起的一句话就是：“读书是对人的一种安慰。”

有一年的深秋，我们终于在我的单位后面贷款买了一套房子。那是一个依临小山坡西面而建立的小区，不大的院落，只有八九栋楼房，而且最高的才五层。小院落地势很高，南面、北面、西面全在这个院落的视线之下，只有东面是一座小小的山峰，遮挡着我们的眼目。但是，那座小小的山峰，满目葱茏的树木，枝叶间啼鸣的小鸟，山顶不时飘过的云彩，却给它脚下的院落带来了无限的生机，所以，小山成了这个院落最踏实的依靠，也是最值得骄傲的地方。

虽然有了一个安稳居住的家，但是在我和女儿考察这个地方时，依然让我们产生了许多伤心的事情。据说，我们所居住的那个院落，曾是一片栽满桃树的山坡，每年春天，红色的桃花如彩云如红霞，美丽极了；那座小山峰，原是浮山的一小部分，它在起伏连绵的山脉中，像一条巨龙的尾巴。但在城市的现代化的建设中，一条马路好似一把利剑，把这条龙尾给斩断了。被截断的这座小山峰与它原来整个的身体好像还似连非连，那条马路如山的一道伤口，从马路上来来回回的汽车恰似伤口上的虫子一般，咬噬着这山的肢体。人有了居住和行动的方便，山却遭受了难以言说的苦难。这是让我们感到美中不足、喜里有悲的地方。

女儿很生气地说："人怎么能这个样呢?！"

我却很无奈地说："我们也没有办法啊。"

尽管如此，我们还是喜欢我们的新找到的居所，女儿给这个小区起名叫"半壁江山"，算是对这座小山峰的安慰。

不过，这个很响亮的名字也只有我们一家三口知道，另外也告诉了我们家的小狗和猫咪。当然，也曾向小区内外的有关人士宣传过"半壁江山"这个响亮而又有气势的名字，但是别人只是报以微笑，没人当回事儿。

我们家居住的是一套九十平方米的一楼，楼前还有一个小小的院落。在院落的周围是会开粉红和雪白花朵的蔷薇花，我们给小院子起名叫蔷薇花园。我和妻子、女儿又从小山上移来几棵芦苇栽在院子里，我们喜欢芦苇的坚韧不屈、秀美挺拔、风流倜傥，它不畏环境艰苦，又敢于搏击风雨。果然，芦苇在院落里，年年都生长出新的芦苇来，乐得小猫又蹿又跳，来戏弄芦苇碧绿的叶子。

院子里有很多很多植物，女儿跟我和她妈妈说："咱不能叫它们杂草，也不能铲除任何一种草，它们各草都有各草的生命呀！"

我和妻子都很同意女儿的意见，认为对院子里的每一种植物，都要予以极大的尊重，不论是风刮来的，鸟衔来的，还是小狗小猫腿带来的，一律给予在此生长的权利。

春天来了，满院子里"杂草丛生"。我和女儿还有妻子在讨论一个问题，

"杂草丛生"这个词是什么意思？从我们平时习惯的用法上，都认为这是个贬义词，是形容一个地方又脏又乱，没有整齐划一。如果我们去掉"脏"，就不应该再认为有"乱"，它们各草生长各草的，怎么能说是乱呢？于是，我们就把草丛里没有生命的脏东西清除掉，只留下有生命的各种各样的草，随它们怎么生长。有的开着黄色的花，有的开着蓝色的花，有的开着白色的花，真是美丽极了。我和女儿俯下身子认真观察，发现不大的院子里竟然生长着四五十种植物，有的能叫上名字来，大部分的都是"无名之辈"。我和女儿都认为，说它们无名其实是错误的，不是它们无名，而是自己无知。

美丽的蔷薇花园，真是一个乐园啊！

如果人能把头低到和草一样低，就会发现草丛竟如秘密的森林，其中的奥妙和美好无穷无尽。各种草长着不同的叶子，叶子或者是长的，或者是圆的，或者是花的；它们所结种子的穗子也是奇妙极了，每一颗种子都有自己独特的飞行设备，有的长着绒毛毛，有的长着小挂钩，也有的是看上去好像什么也没有。它们好像都具有智慧似的，各自呈艳斗奇。

我们再细致观察，发现这个乐园里并不宁静和安逸，里面也是充满了杀机与斗争。里面有很多昆虫在忙碌着，一些不知名的小虫子在草叶上爬来爬去，蜘蛛则在枝叶布设罗网。麻雀大概是这里的庞然大物了，它们飞落在草丛间蹦蹦跳跳，想那些小虫儿肯定是战战兢兢，也许是和宇宙中的星球遇到黑洞一样，没来得及有什么感觉就被吞噬了。

小麻雀哪里会想到，天下的事是没有尽头的。尤其是那些出生不久、涉世不深的黄口孺雀，常常被躲藏在蔷薇花下的花猫给捉住。小花猫常以迅爪不及麻雀展翅之势猛扑过去，有的小麻雀吓得魂飞魄散，眼睛一闭，束翅就擒；有的小麻雀则扑棱起双翅，用自己还带着黄蜡瓣的小嘴朝着小花猫大喊大叫，就在小花猫为之一惊的刹那间，我便趁机把小花猫吓跑了，猫口下救出了小麻雀。我跟女儿说，我一点都没有以为自己对小麻雀有什么恩情，倒是很感谢小麻雀让我们学到了那种勇敢无畏的精神。

美丽的蔷薇花园啊，里面竟然也有如此惊心动魄的生命之战。我和女儿经常讨论发生在蔷薇花园里的种种大事，研究解决调停的方针和策略。比如，那些非常蛮横的野藤该不该铲除啦，猫和麻雀的生死搏斗该不该插手啦，等等。从中我们也得到了很多生命的感悟，学到了很多书本上没有的学问。蔷薇花园成了我们学习的园地。

蔷薇花园是在我们居住的房前，我们居住的屋后则是一望无际的荒坡和沟壑。由于我们的房子是在山坡上，往北遥望也是居高临下，我们看到的是荒坡上和沟壑旁生长的野草野蒿，还有各种路过的候鸟，还有时常居住的野兔；傍晚，看到的则是那条穿破了山腰而过的现代化的马路，路两旁橘黄色的路灯显得马路好似一条巨龙蜿蜒远去。晚上我们看着那景象，就觉得世界如梦如幻。

半壁江山的那种风光，维持了不到两年，北边的荒坡沟壑间一座座的大楼竟然飞速地生长起来，比那些野草野蒿生长得还快。只是鸟不再飞来了，野兔子也都逃离远处了。

“半壁江山”在变变变！

编辑旁白：诗人的寻常生活中也别有意趣。

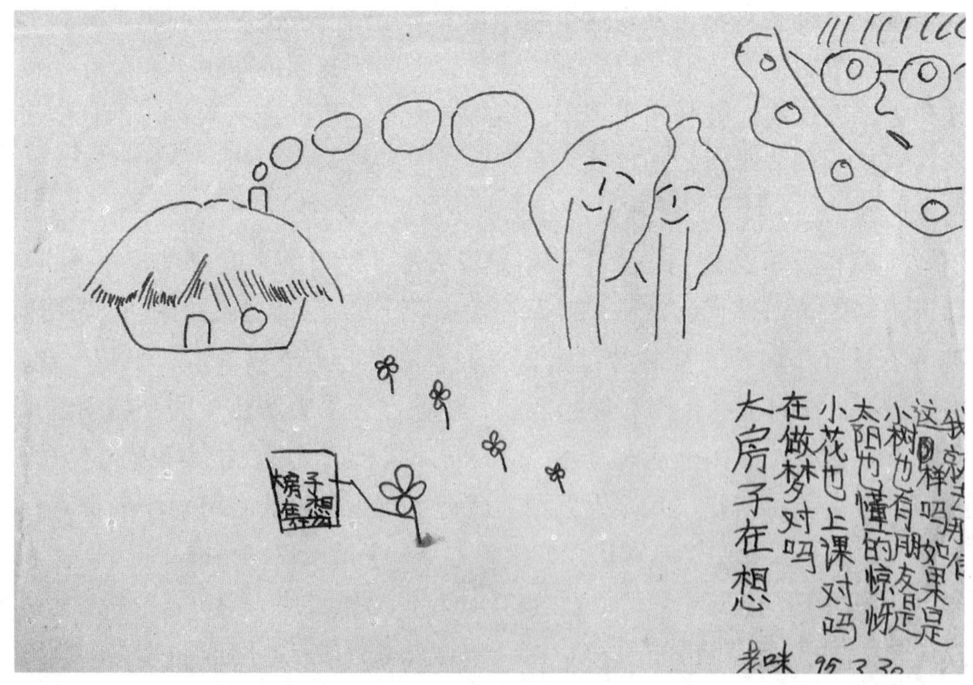

大房子在想什么——老咪画

快乐的南瓜园

有时候，大人物们是很可笑的，尤其是他们认起真来的样子。

东风无事闲染柳，
春雨含情来浇花。
只缘柳绿花红故，
多少心事自传达。
——老咪武打小说《玉鞭公子》中的诗句

我们家有五位家庭成员，三个人，一条狗，一只猫。三个人是我、妻子和女儿；狗的名字叫小熊，猫的名字叫小九。

五位家庭成员分为三派，我和女儿是浪漫不务实派；小熊妈（我们对妻子的爱称）是务实也浪漫派；小熊和小九是无所谓浪漫或务实派。

我们家的小院子自从按我和女儿的意见整治为荒草乱长的“蔷薇花园”后，热闹倒也是热闹，只是不能够创造有实际价值的东西，也就是没有创造出物质成果来。一年之末，唯见叶落草黄，其他一无所获。这种状况遭到了务实也浪漫的小熊妈的谴责，认为新的一年，房门前的小院子要有所收益，不能光长杂草。小熊妈提议要整理出一小块地来种几棵南瓜，说硕大的南瓜花好看，结出的大南瓜也好吃。我们全家只好一致同意了，并且按照小熊妈的建议将“蔷薇花园”改名为“南瓜园”。

其实，对于我和女儿来说，不论种什么都是有意思的。至于园子的名称，由“蔷薇花园”的雅变为“南瓜园”的俗，也是别有一番风味的。

在南瓜刚刚冒出两片小叶子的时候，我们全家都兴奋极了，赶紧用一些树枝在南瓜苗周围插了一圈，免得小熊或者小九一时好奇而用爪子乱抓。

我和女儿商量：“咱们找个本子写一部《南瓜园闲话》怎么样啊？”

女儿问我：“写什么内容呢？”

我说：“不限于写南瓜园中的事情，只要是自己一时看到的、想到的、读书觉得有意思的，都可以记在《南瓜园闲话》里。”

女儿很高兴，说：“好吧，我同意了。”

我写了《南瓜园闲话》的序言，女儿给插上了图，小熊和小九分别按上了它们的狗爪猫爪印。

下面是我们所写的《南瓜园闲话》的一部分内容：

（1）追求

青岫先生：

追求金钱和追求知识都是追求，有什么差别吗？

老咪先生：

当两个东西之间可以谈得上差别时，从本质上说也就没什么

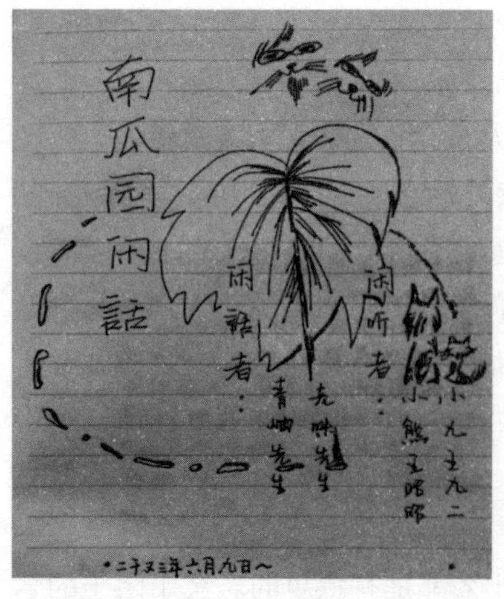

《南瓜园闲话》扉页——老咪画

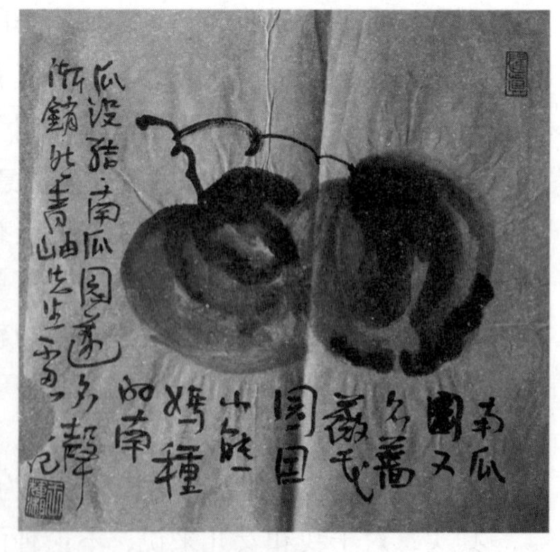
南瓜园的南瓜——青岫先生画

不同了。追求金钱者和追求知识者，都是为了生存。只是一种更靠近动物，一种更接近上帝；一种是肉身的欲望，一种是精神的饥渴。

（2）梦境

青岫先生：

昨夜在睡梦中，其实是半梦半醒之间，有很迷人的景色在人的眼前。

那时觉着现实的景色都变得很单薄或者说无聊，又觉得梦中的景色很恐惧，像是从一种境界进入另一种境界的感觉。

如果人从生到死，又有清醒的（应该说不太清醒的）意识时，就会是这种感觉吧?

老咪先生：

人是怀旧又厌旧的，从旧到新的转变总是恐惧接着新奇。接着探索再由所探索的结果决定是爱是恨是麻木或是默然。从生到死想必亦是如此。

就这种状态的刷新来说，人总会有恐惧，而恐惧大多集中于生的过程中（如死后有意识的话）。我在想为何对死的恐惧为百惧之最呢？应该是因为对生的热爱，以及对那边生活的不抱希望。这是条暗淡而绝望的新路呢！

你的梦实在很诗意，不知上帝在创造天堂与地府之时是否怀着诗意。

（3）问题

老咪先生：

现在才真正懂得卡夫卡为何想焚烧掉自己的作品。

青岫先生：

凡是可讨论的问题，都必是浅薄的问题。

（4）大人物

老咪先生：

我们形容大人物的时候，常说他们可以扭转乾坤，可实际上，乾坤像块橡皮糖，你手一松，它又扭回去了。所以，有时候，大人物们是很可笑的，尤其是他们认起真来的样子。

我想起来以前有一只名叫“一丈青”的小猫，诨名叫“大人物”。它的尾巴总像旗杆一样高高竖着，总是很伟大，很忙碌似的。

但是我也没有笑话过它。

青岫先生：

很多“大人物”做的“大事”也很有意思。比如秦始皇给自己建的坟墓，一个很大很大的土堆。现在人们考虑的是，什么时候挖开这个土堆才合适呢？

有的“小人物”做的“大事”也很有意思。

我观察到小金丝熊（老鼠一样的小动物）在笼子里，把人给它的花生赶紧吞到嘴里，然后再到笼子一角有掩盖物（人给它铺的棉花）的地方，吐出来藏上。

它以为它做得神不知鬼不觉，可是人蹲在笼子一边看得清清楚楚。

我也没有笑话小金丝熊，我觉得它还是很聪明的。

（5）虚度

老咪先生：

人生就是用来虚度的。

青岫先生：

“人生就是用来虚度的。”这话说得好有意味！

听了这话，突然感觉十分轻松。好像自己很有“成就”感，因为这么多的人生岁月都让我“虚度”过了，没有白过啊！

想想一个人从小到大都为了一个沉重的人生目标去活，那多累啊。如果认识到人生的意义是用来“虚度”的，那不就不用有什么

负担了，那该有多潇洒。不论做什么事情，只管玩着去做，成也好，败也好，不计成败地去度过一生，也真是好！

仔细琢磨一下“人生是用来虚度的”这句话，感觉是一句十分了不起的话。想想看，上帝用六天的时间创造好了一切，“到第七日，上帝造物的工已经完毕，就在第七日歇了他一切的工，安息了。”（《创世记》）上帝已经给我们预备好了一切，我们只需要有一个“安息”的心态就行了。

这是一个真理，需要认真地思考。

一天天我和女儿就是这样胡记乱写，一年三百六十五个日子，就这样在我们的随意之下给过去了，随意地想，开心地笑，消除了很多生活的烦恼，也减轻了女儿许多学习的压力。一本《南瓜园闲话》，除了文字，还有许多女儿的图画，让我们什么时候看了都想笑。

小熊妈种的南瓜，虽然说不上大丰收，也可以说是个小丰收，几只小南瓜说面不面，说甜不甜，可是我们吃起来却是特别地好吃。

编辑旁白：在玩乐中读写，在读写中玩乐。

哪些该说，哪些不该说

不该说的话不要说，需要说的时候要会说。

我们生活的世界
一言不发
却给了各种各样的人
以各种各样的语言
表达他们各种各样
对世界的看法
——《语言》（老咪14岁作）

一个孩子第一次说话，声音也许是很微弱的，是模糊不清的。但是，对于每一个孩子的父母来说，都是天地间出现的一种最美好的声音。

从女儿会说话之后，我们就天天说这说那，我知道到目前为止，我是这个世界上和女儿说话最多的人。

在女儿还很小的时候，我们就一起探讨过说话的问题。

女儿问我："小猫也说话吗？"

我说："说呀。"

女儿问我："小羊也说话吗？"

我说："说呀。"

女儿问我："小麻雀也说话吗？"

我说："说呀。"

女儿疑惑地说："可是它们说的话和我们说的话不一样啊，那叫话吗？"

我给女儿说："鸟有鸟语，兽有兽言。它们所说的话和我们虽然不一样，但是也是话，是它们的话语。"

女儿很遗憾，说："要是它们都会说我们的话就好了！"

我不以为然，跟女儿讲："那样可能就不好了，如果天上飞的鸟，还有地上跑的动物，再加上水里的鱼虾，都和我们人说一样的话，那世界上会多乱啊。"

女儿辩解道："你不是说小动物都是我们人的好朋友吗？那我们听不懂它们的话怎么办呢？"

我给女儿解释说："其实可以听得懂，不过要用心听它们的话才能听得懂。小动物也能听懂我们的话，它们能顺着人的声音听到人心中的想法。"

于是，用心听各种动物的声音就成了我们很有兴趣的一件事情。后来竟又扩大范围，认为用心听风的声音或者雨的声音，还有树叶的声音，也可以听到它们的意思。

女儿给我讲了她的一个经验说有一次一条狗对着她汪汪地"骂"，她也就不客气地汪汪地反骂它，结果那条狗就不吱声了。

这个故事让我们哄堂大笑了一阵子，也不知其中到底有没有什么奥妙。

孩子随着年龄的增长，就会遇到一个问题，就是孩子说话的时候会受到干预，大人经常会告诉孩子不要这样说，或者要这样说；孩子还遇到一个问题，就是自己的话语会引起同学或者朋友的反对或者不悦。这该怎么办呢？

我和女儿觉得这也是有意思的事情，就一起讨论哪些话该说，哪些话不该说的问题。

我跟女儿说："我觉得说话就是与自己以外的人或者别的什么东西进行交流，交流效果的好坏，就是话语产生的作用，所以该说什么和不该说什么很重要。"

女儿说："我们学习《周易》时，就曾经学到过说话很重要这个问题。"

我说："对。我觉得说话是为了与外界搞好关系的，所以说话要有意义。"

女儿说:“有的人说话让人不舒服，有的人说话又乱又多，也让人厌烦；有的人说话却会让人喜欢听，甚至听不够。”

在我们专心讨论哪些话该说哪些话不该说这件事的时候，忽然感觉到这是一个不好说明白的事情。孔子就感叹道:“天何言哉？”所以他对许多事情都“子不语”。反正说话的问题是一个很大的问题，不能掉以轻心。

反正我们认为，不该说的话不要说，需要说的时候要会说。

女儿 14 岁那一年，青岛大学的学生会请她去谈诗歌、哲学和人生。她以“生而知之与学而知之”为题给那些大哥哥大姐姐们做了报告，讲了两个小时，大学生们称赞不已。有教授说，既然你能立马赋诗，就用这个报告题目做诗一首吧。老咪当场以诗回应，令所有听众匪夷所思。后来，老咪应邀在山东省乃至全国大会上做报告的时候，被听众认为是从未听过的智者妙语。

在整个的中学时期，女儿到中学、大学、机关部门，还有企事业单位演讲了许多次。站在讲坛上，真诚地讲自己的各种思想和感受，虽然是幼稚的，但还是很招大家的喜欢。

但是平时的学习和生活中，女儿总是和同学们相处得十分融洽，完全像是一个孩子，大家都说，怎么也看不出王筱菲是个可以在很多人面前演讲的学生。

编辑旁白: 明了很多大道理，都是在对于典籍的探讨中完成的。

唱出心里的歌

在学习生活中有什么感受，情不自禁，就用歌声唱了出来。

我是春天的泉水
秋天里的落叶萧萧
我是夏天的雷鸣
冬天里的一曲寒箫

我是清晨的鸟鸣
傍晚时的流云飘飘
我是正午的阳光
夜半中的风铃轻摇
——《我是》（老咪 14 岁作）

山中的泉水是最美的水，心底的歌声是最美的歌。

女儿也喜欢唱歌，而且喜欢自己唱自己的歌。歌对于女儿来说，犹如她写文章，总是有感而发。

女儿没有专门学习过声乐、乐理之类的技术，只是自己在空闲之中了解了一点点这方面的知识，但是心底不断涌现出来的歌，却如雨后大山中的泉水，不断地要往外涌现。经常在风清月白的晚上，或者自己关上房门独自陶醉，或者拉上爸爸妈妈到山坡上吟唱。

女儿所唱的歌，都是自己在学习生活中有什么感受，情不自禁，就用

歌声唱了出来。有一年夏天，我们还住在“半壁江山”的时候，我们家的一只小猫外出游玩，不知是出了什么事故，小猫一去就没能再回来。那只小猫有一个名字就叫九二，取《易经》乾卦九二爻的爻辞“现龙在田，利见大人”之意。可是那只十分聪明伶俐的小猫，竟然失踪了，我们全家人都非常牵挂，心里说不出的担心和忧伤：九二啊，你是由于什么原因不能回家呢？是被坏人抓去了吗？听说有人抓了小猫卖到南方的饭馆去，那里有人爱吃猫。还是出了车祸了呢？路上的车络绎不绝，再说，也没有几个开车的人会给一只小猫让路。或者你是贪恋外面的世界而不愿意回家了呢？我们想，绝对不会，外面的世界再精彩，你也会想着自己的家的！我们全家三口人坐在院子旁边的山坡上，山坡绵延直至远处，山坡上一大片一大片的黄花在明亮的灯光下依然快乐地摇曳不止，那些地方就是九二常去的地方。女儿看着那里，就唱道：

丢失掉的九二，又名虎子——老咪画

流浪的小猫／如今你在哪／遍地野花找不到路回家

女儿的歌声不再是深情动听，而是让我们都不忍再听，再听，眼里的泪水就会滑落下来。

有人听说老咪自己会写歌，就找来让女儿帮他们写一些他们所需要的歌。虽然是“命题作文”，由于对天地万物都充满了感情，所以老咪写出来的歌也深情动人。

在上中学期间，女儿为一些企业、学校、电视台等单位写过不少的歌曲。

这是老咪为一家医院的宣传片所写的歌曲《放飞希望》：

打开门／打开窗／打开心房／睁开眼／放出梦／向外眺望／一片云飘过／宁静又安详／我走近你说像云一样

你的天下雨／我就是阳光／治好所有的阴冷和悲伤／有一天我们漫步在和风之中／心会比风儿更加欢畅／让我的笑容化在你的目光／就像我的承诺一样久长／让你健康就是我的信仰／我们在冬天迎接春光

下面是她为青岛电视台所写的一首《请你记住我》：

当你看到我的笑／我的名字你是否记牢／当你望着我的眼睛／我的内涵你可曾读到／当你说你爱这儿的海浪／你可看见我在浪间弄潮／当你说你爱这儿的青山／一碧连天是我的怀抱／啊，记住我／我是琴女手中的弦／啊，记住我／我来唱你心中的歌／你说这山这海常在／此心此情不改

当我带你走入美丽／我的真情你已经感到／当我陪你去听潮声／你的风采我不会忘掉／当我问起你的名字／你说你已经热爱青岛／让我们握手承诺未来／记住今朝明天才好／啊，记住我／我是琴女

手中的弦／啊，记住我／我来唱你心中的歌／你说这山这海常在／此心此情不改

有一年举办青岛第二届海洋节，山东卫视让老咪为他们的纪录片写了一首《牵手海滨》，而且是她自己在海滨现场演唱。那时候，女儿是 16 岁。

编辑旁白：触类旁通。

全家一起玩耍——老咪画

偷学武功

意识到自己不是那块料，便放弃了学武的想法，觉得还是“纸上谈兵”比较适合自己。

万物有始终，情愁聚还消。
蝶走花寂寞，人散事终了。
已是梦中梦，无奈飘里飘。
书成功何在？本知是徒劳。
——《玉鞭公子》（老咪 17 岁所写长篇小说）

晚上散步的时候，女儿经常给我讲述武林中的故事，而且各门各派的恩怨情仇，各家各户的绝技高招，她都如数家珍，讲得头头是道。我十分惊讶，就问，你是怎么知道的呢？女儿告诉我说，在课余时间里，她把家中的那套金庸的武打全集全都看了。

我当时真是很佩服女儿，那时她是处于中考期间，在学习十分紧张的情况下，还能有如此一副闲心，看了那么多武打小说，偷偷地学了这么多的武功。

有意思的是，女儿看小说中的人物那样武艺高强，不禁技痒，也想亲自练一练。

我们两个人就商量，去哪里能学什么样的武艺呢？我看着女儿那张一片枫叶般的小手，觉得去学武真是有些可笑。想来想去，也没有想到有什么合适的武功可学，后来女儿提出一个意见，去学习跆拳道，经过我们全

每天在公交车站接送老咪的咪妈和小熊

家讨论，最后形成了决议：到市少年宫学习跆拳道；每天晚上由小熊负责陪同爸爸妈妈到公交车站接送。

女儿学习了好长时间的跆拳道，以为自己也算是武林中人士了。晚上散步时总想在山坡上给我们演示一下，我们全家，包括小熊（狗）和小九（猫）在内，看着女儿的花拳绣腿，总是忍俊不禁。小熊和小九开始时还躲得远远的，后来竟也见惯不怪了，感觉老咪姐姐的功夫不过尔尔，没有什么可怕的。老咪的妈妈也说，实在看不出来这功夫有什么用处。女儿不服气，便要和妈妈比试一下，结果还是输在了妈妈的笨功夫之下。

女儿意识到自己真的不是那块料，便放弃了学武的想法，觉得还是“纸上谈兵”比较适合自己。于是，女儿就写起了一部号称是武打的长篇小说来，书名为《玉鞭公子》。书中描写的是一位使用一截玉鞭的公子和一位名叫月移花影的小姐，在相识相爱中所发生的种种奇遇，故事中的许多人物，在刀光剑影里生生死死、爱爱恨恨、来来往往、聚聚散散。断断续续，女儿用了一年多的课余时间，终于写完了她的第一部长篇武打小说《玉鞭公子》。

万物有始终，情愁聚还消 / 蝶走花寂寞，人散事终了 / 已是梦中梦，无奈飘里飘 / 书成功何在？本知是徒劳

上面的这首诗，就是那本书结尾时的一首诗，既说了武林中人士争斗一场无非虚空的结局，也说了自己写书也不过是一种游戏的感觉。

老咪写的武侠小说《玉鞭公子》

闲来无事，翻看女儿所写的《玉鞭公子》时，还是被书中的各类人物感动了：那位饱读诗书、才华横溢的“月移花影”小姐，轻功卓绝，来去如影，柔美多情，从来不杀生，一向只吃素，叫人敬仰；那位性情古怪、言语刁钻的“慕容素玉”小姐，花容月貌，面冷心热，让人动情；那位不识文墨、粗犷不羁的“鬼高八斗”女子，为人古道热肠、言行畅快淋漓，让人想起她来便增豪爽之气；还有枯井道长、冷巽云魔、九烟老妖、解空和尚等等，他们扭曲变形的人性、出神入化的功夫，以及经历人生沧桑之后立地成佛

老咪写作《玉鞭公子》时期的照片

的变化，都让人感叹不已。

最让我觉得好笑的是书中的主人公“玉鞭公子”，他的神秘功夫让天下武林震惊，可是他所居住的“红豆山庄”，其中的景色却是出奇地滑稽，书中这样描绘：“只见厅的正中有一巨匾，黑底红字书写着三个大字‘相思堂’，下有一联，上联是：青山绿水，山自雄奇，水自缠绵。只因红豆一颗，人比花瘦。下联是：白云朗月，云自眷恋，月自孤单。仅为相思无限，心较风愁。诸位武林豪杰，每见了如此无英武之气的句子，都暗暗皱起眉头。”

可是，那位风流倜傥的公子，他的英雄情怀，他的超人智慧，也实在是叫人钦佩。书中的那首诗，或许正是他的写照：

人间日日有生死，天上夜夜有云星／无言静看千种变，心中不起一毫风／是非得失难计算，荣华富贵转头空／无聊但挂一轮月，万古千秋照众生

编辑旁白：告诫天下父母：孩子对于功课疲于应付，多半是因为没有调动起快乐的情绪。此中学生学功课外写诗绘画读古籍，顺便写了一部武打小说玩玩。——让人有点回不过神来。

可笑又难忘的电视

通过狗儿小熊和猫儿九二的态度，我们才知道，上电视，只不过是人自己觉得有意思罢了。

季节流转是个恼人的过程
没见过花开就不会思念春风
——《冬天的树》（老咪 18 岁作）

老咪在 8 岁的时候，山东电视台以《泉城小诗人》报道了她写诗的事情，从此，老咪和山东电视台就成了好朋友，每一年山东电视台都会有老咪的节目或者对老咪的采访。在山东电视台成立 40 周年的纪念活动中，山东电视台还专门请老咪在一期特别的纪念节目中谈了自己的感受，因为她是一个从 8 岁到 18 岁连续 10 年都和山东电视台有缘分的学生。尤其是山东电视台少儿节目的那些叔叔阿姨，都成了她多年的好朋友。可以说电视台的编导和主持人这些叔叔阿姨们对老咪的成长起到了极大的影响，直到现在一说起他们来老咪还是很感动。

老咪从小就懂得，写诗就是用韵文说出自己的真心话。老咪 9 岁那年，在“全国第二届金童杯”颁奖晚会上，朗诵了自己写给少儿电视工作者的诗歌《你们和我们》，彩排的时候，主持人鞠萍姐姐听了老咪的诗歌，感动得流泪；在晚会现场，很多的少儿电视节目的叔叔阿姨也都感动得眼眶湿润。

《你们和我们》开头一段这样写道：

既然岁月的小舟／把你们送出了童年／你们为何还要回头／既然岁月的钟表上／已到了大人的时候／你们为何还要挽留／因为你们的心啊／还像那没有成熟的苹果／酸酸的但甘甜可口／因为你们的爱啊／还像那清澈的小河水／朝着童年不停地奔流

不论什么样的事情，不论在什么样的场合，从真诚的心里流淌出来的话语，总是能够打动人心，让人的心柔软起来。

女儿在高中二年级的时候，暑假一放假，就被山东电视台请去做《中学生沙龙》的节目主持人。连续做了四十期节目，邀请的嘉宾是全国各地各行业的名人，有影视界的，有文学界的，有体育界的，还有学术界的，采访了写作《闪闪的红星》的作者李心田，采访了周易专家刘大钧等等。

除了山东电视台，青岛电视台、中央电视台也给老咪做了许多节目。老咪

老咪为山东卫视主持《中学生沙龙》

曾经给中央电视台的《儿童剧场》写过四场儿童剧，中央电视台还以《儿童剧作家》报道了老咪。这些活动使女儿增长了不少见识，也使她的中学生活变得十分丰富多彩。

有意思的是，不论哪家电视台来采访老咪，老咪总喜欢让我们家的狗儿小熊和猫儿九二跟着上镜，编辑们也都满足老咪的愿望，电视节目播出时，总少不了小熊和九二的镜头。不过，遗憾的是，它们——小熊和九二，对于人们所做的电视节目从来都不以为然，看也不看一眼。

不爱上电视的小熊

通过狗儿小熊和猫儿九二的态度，我们才知道，上电视，只不过是人自己觉得有意思罢了。

还有一件有关电视的事，在有关电视台的帮助下，老咪还和一帮子中学生策划了一档中学生的栏目，起名叫《老咪圈》。老咪当编剧和主持人，制作好了两期节目，但还是因为种种原因没有做成。

节目做成做不成实在是一桩小事，但一帮子中学生的那种勇于实践的精神和过程，大概使那些孩子们永远难忘，那件失败的事情已经成了他们青春时期的一朵艳丽的花，时时还摇曳在他们的心中。

这是老咪为她的《老咪圈》栏目所写的片头歌曲：

人们总把青春比春天／青春却比春天更灿烂／理想上弦月一样高悬／月光照耀的地方／就是我们的空间／快乐就和老咪聊聊／开心就和老咪谈谈／让我们同声的心跳／拨动年轻的琴弦／来吧，让白云山川做我们的承诺／来吧，让清风朗月做我们的见证／让日出日落记录／让花开花谢聆听／不让青春有灰色身影

人们总把青春比春天／青春却比春天更心烦／燕子尾巴可以剪断春风／多彩的青春心事／为什么越理越乱／苦恼就和老咪聊聊／头痛就和老咪谈谈／让我们张开臂膀／撑起一片蓝天／来吧，让白云山川做我们的承诺／来吧，让清风朗月做我们的见证／让日出日落记录／让花开花谢聆听／不让青春有灰色身影

中学生时代就是那样富有幻想，幼稚可笑而又可爱。最可笑的是我总是喜欢参与女儿和她的同学们搞的各种活动，并且帮助她们出主意、想办法，以为自己也是一个孩子呢。有时也会突然警醒：自己是学生家长，是个很大的人了。思想到此，不禁自己偷偷地笑起来。的确是可笑！笑自己真的是“一事无成老已成”。

在女儿中学时代就要结束的时候，中央电视台《第二起跑线》栏目做了一期《少年作家老咪》的节目。

下面是从网上截取的一段文字和图像：

老咪的文学世界（9月13日）

央视国际 2003年9月18日 11：06

主持人：从今天开始，周宇将和大家一起进行青春发现之旅！新的学期又开始了，如何能合理有效地安排时间，既能学得好，又能玩得好，我想这

是每个中学生都想得到答案的问题。也许今天的青春发现之旅，会让你有所收获的！好，下面请今天的发现者上场！

主持人：请出我们今天的主角王筱菲！

王筱菲：大家好！

主持人：筱菲，听说你有一个网名叫作老咪是吗？

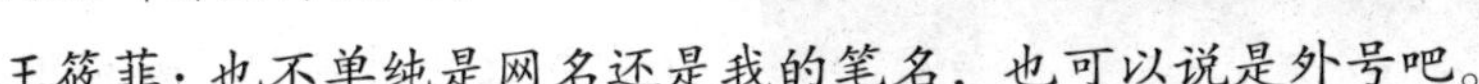

王筱菲：也不单纯是网名还是我的笔名，也可以说是外号吧。

主持人：是吗，你养猫吗？

王筱菲：对，我非常喜欢猫。

主持人：所以给自己起这么一个名字是吗？现在我们已经认识了今天的发现对象，那我想问问两位发现者，你们为什么选择了王筱菲作为你们的发现对象？

岑岚：我们从刚才的小短片中已经知道王筱菲是个小才女，但我们觉得她吸引我们的是，和我们一样的年龄的筱菲怎么有时间和精力读那么多书，写那么多东西，又参加电视节目主持等等，我觉得这是我们要发现她最根本的原因。

申奥：当我们要去发现王筱菲的时候，我们先是到网上搜索了一下，但是没有太多的信息。后来我们又用老咪的名字搜索，大多是关于猫的文章及网站。于是我们想这个发现之旅更加有意思。

主持人：二位发现者通过跟王筱菲接触之后有什么感触？

岑岚：开始我看过王筱菲的一些资料，有她写过的一些诗集呀小说什么的，我就觉得她肯定是一个特别能说、特别

能聊的人。但是通过亲密接触我才发现，跟我想的根本就不一样，感觉就是一个文文静静、清清爽爽的一个小女孩。

申奥：我也是。我一开始因为她是诗人，诗人嘛，激情，说话都得是抖着手抖着头说话的那种。可是我一见到她之后，发现她说话很慢，慢条斯理的，跟你平常聊天的时候啊，娓娓道来的感觉。所以我觉得跟我们想象中那种激情的诗人形象有所出入。

当我看着电视中的女儿侃侃而谈的时候，我忽然又觉得，和女儿一起学习、做各种课外活动，还是很有意思的。

编辑旁白：好一个《老咪圈》！15年前就“圈粉”啦？！小熊、九二不爱上电视——智慧的爸爸适时地亮一下“三观”。老咪的清雅脱俗自有来历。

高考时的抉择

不论学习什么，都是通往那个大目标的一条路。

一个孩子是个天才
不关心市井的俗务
大风刮起
面对故乡
孩子静静地说了一句
我
心
忧
天
下
——《心忧天下》（老咪 16 岁作）

高三开始后，同学和家长都在考虑将来报考什么学校的问题。女儿老咪也和我谈论起这个问题，我们在想：是啊，到底该报考什么样的学校？到底该去学习什么专业呢？此刻，竟一时有些迷糊了。

我和女儿又一次问起这样的一个问题：我们学习到底是为了什么呢？

女儿再次问我："爸爸，你说，学习是为了什么？"

我还是那样的答案："不就为了想弄清楚那些弄不清楚的问题吗？"

女儿说："是啊，我也知道。但是，那也得选择一个专业去学啊！"

我说：“既然你高中阶段是学习的美术专业，那就继续学习美术吧。”

女儿说：“也行，不论学习什么，都是通往那个大目标的一条路。”

于是，我们就根据女儿自己的实际情况，在美术专业的院校里面挑来挑去，以便做好迎接高考的准备。

在很多事情上，我们都会思考这样一个问题：一件事情的完成，到底是人的计划，还是上帝的安排呢？

在我和女儿计划着报考美术院校时，我在北京竟然遇到了好朋友马建和他的妻子天衣。马建是旅居英国的著名作家，天衣是年轻漂亮的英国女士，是专门把汉语文学翻译成英文的翻译家，他们夫妇二人都很早就认识老咪，也十分喜欢老咪。我们三人在从北京到石家庄的火车上，谈起了老咪上大学的事情。

我说了我和老咪的想法，从小就喜欢画画的马建以为也很好，天衣却大不赞同。

我向天衣说：“学美术有什么不好，你那位在法国的姐姐不也是学习的美术专业吗？”

天衣反对说：“老咪和我姐姐不一样，老咪是天才，她应该到英国去学习文学和哲学。”

接着，天衣讲了一大堆老咪需要到英国学习的道理，我和马建也被她的说法打动了，认为天衣的想法还是符合老咪的实际情况的。听后，我就动了心，想下决心让女儿到英国去求学。可是，随即又想到了另一个问题：到英国留学，那该需要多少钱啊？

身无分文，却流浪过天下的马建，大概对于花钱的事情没有多清楚的概念，他说，总共也就是花个十来万吧。我一听说，很高兴，认为女儿完全可以出国留学了。

回到家中，我一五一十地向女儿说了马建天衣的建议和自己的想法，女儿也很高兴，走遍天下寻求真理是她从小的梦想。她说，是时候合上古老的中国经典，看看多元的瞬息万变的世界了。

女儿向学校的校长说明了自己的设想，并提出一个要求，就是一周只上半周的课，每逢美术专业课就不去上了，在家学习英语。

学习美术专业的学生，每逢美术课就不上了——对此，学校的校长和老师虽然也觉得奇怪，但是，都知道老咪是个爱学习、有想法的好学生，也就同意了女儿的要求，认为老咪的设想肯定有自己的道理。

下定出国留学的决心后，女儿十分兴奋，我和妻子也特别高兴，似乎一个非常绚丽多彩的未来，就在我们的眼前。我们又想起了女儿刚满六岁时写下的那首诗歌：

九条龙拉着一辆太阳车 / 车子里坐着一个 / 披着长发的女孩 / 她要走遍东 / 走遍西 / 走遍四方

高考时的抉择——老咪画

编辑旁白： 通晓中国文化的老咪留学英国的决定是很明智的，“留学英国需要的钱是十多万”是很糊涂的。几个诗人对花钱没有概念，天时地利人和就做了选择。命运有时候很奇妙，其中的起承转合到底含有因果密码吗？

越过英语的关隘

不要紧，有一天只要你一用心，就会很快地超越过去。

伸开双臂
幻想有一双万里长的翅膀
盖过悠悠往事
穿过猎猎风声
向前滑翔
——《伸开双臂》（老咪 19 岁作）

到英国留学，自然要过英语这一关。可是，女儿的英语从小就一般，作为女儿的爸爸，说起来十分惭愧，自己不会英语，所以也不能指导女儿学习英语；非但不能指导女儿学习英语，还影响了女儿学习英语，因为女儿一有时间，我就拉着她一起读闲书，从来也没有想着给女儿报个英语班什么的。女儿小时候就很担心地问过，自己英语成绩一般怎么办，我竟然很自信地告诉她，不要紧，有一天只要你一用心，就会很快地超越过去。

一语既出，好像我们都得到了一种保证似的，心里便踏实了。

不知不觉之间，这一天终于来到了。我和女儿突然猛醒：这英语该怎么去学啊？但是，我们又回想起在女儿小时候说过的那句话："不要紧，有一天只要你一用心，就会很快地超越过去！"

回想起女儿学习英语的过程，心里真是五味杂陈。

在那一年的冬天，我带着女儿去一位专门在家教英语的老师家里去学

习，那漫天飘飞的雪花，阵阵袭人的寒风，叫人难以忘怀。我和女儿手拉着手，穿过遍地雪花的小巷，就那样，来来回回，走在学习的路上。

学习了半个多月，我和女儿都感觉不合适，在不到一年的时间中，要使英语达到出国留学的水平，这种学习方法肯定不行。于是，我就和女儿商量，重新寻找老师。

有心才能有缘！由于我处处想着给女儿找英语老师的事情，一天突然发现了一个信息，我就立即给老师打电话。这是一位年轻的大学英语老师，人家也不教课外的学生，但是，她一听说老咪，立刻很兴奋，她说太好了，我一直想见到老咪呢。原来，年轻的英语老师叫宋洁，她在河南上中学的时候，就在电视上看到过老咪，现在她来到青岛当了大学老师，还没有忘了那个小诗人呢。她高兴地说："太好了，我女儿小雨点都 4 岁了，正好让她见见老咪姐姐。"

当我们说到想让她教老咪学习英语的事情时，她一口答应："没问题，我很高兴来教她。"

宋洁老师教老咪的方法也很特别，她让我们买了两本英汉对照的《圣经》，就教老咪从头至尾读《圣经》。

一开始，真的是步履维艰啊，宋洁老师给我说，老咪的英语的确是一般，但是她学习起来还是很有灵气的。学习了一段时间以后，宋洁老师很高兴，觉得老咪的学习能力出乎她的预料，她们就成了好朋友，一天天坚持读英语版的《圣经》。她们一天天生活在学习的快乐和友谊的甜蜜之中，学习的艰苦竟然忘却在了脑后。"只问攀登莫问高"，不知不觉中，她们就进入了这种境界。

老咪跟着宋洁老师学习了将近半年的时间，宋洁老师说，老咪的英语水平已经很不错了，可以去专门的雅思考试学校学一学了。老咪就去那样的学校学习了三个多月的时间，然后就去考了雅思。

那是让我们全家最为高兴的一段日子，老咪第一次雅思考试就取得了 6 分的好成绩。雅思 6 分，出国留学已经完全够格了。

一天，老咪突然问我："爸爸，你很厉害，你说：'有一天只要你一用心，就会很快地超越过去！'你是怎么知道的呢？"

我对女儿说："其实，我真的知道，因为我们一起学习了这么长时间，我感觉到你不论学习什么，只要用上心，就会飞速发展。"

在人生的实践中我体会到，不仅仅是学习，任何事情，都是全凭一颗心！

编辑旁白：发自内心的理解、信任和鼓励能激发孩子最大的潜能。爸爸这一句话应该成为女儿的励志金句了。

坤卦——老咪画

生命之流出现了大漩涡

我们共同的宽慰和支持，使我们都成了很坚强勇敢的人。

天公悲乍收，不知小园为谁幽。
一夜春雨一掬泪，横流，无数落花在心头。
都说冬去后，明媚春光何暇愁。
只是此生应长恨，无由，且向林间暖壶酒。
——《玉鞭公子》（老咪 17 岁所写长篇小说）

经过近一年的艰苦准备，女儿出国留学的条件基本都具备了，签证也通过了。就像走过一片泥泞地，终于走向了平坦的大道，一家人的高兴无法言语。

然而，就在女儿出国的前三个月，我在体检中查出身体有问题，而且是很严重的问题。晴朗的天空，突然被厚厚的乌云给遮盖了，我虽然在外表上表现出极大的镇静，可是内心却是沉重的。

我想到小时候在村外的河流游泳凫水的时候，游着游着会遇到一个很大的漩涡，我们就赶紧远离开那个漩涡，要不然，那个漩涡就会把人给吸进去。大人们说，有人就曾经被漩涡吸进去给淹死了。那个河流中的漩涡，正是一个死亡漩涡。人的生命之流也会和那河水一样吗？会出现一个很大的死亡漩涡吗？

女儿十分担心，她第一次那样无可奈何地问我："怎么办呢，爸爸？"

我微笑着给女儿说："你忘了庄子和他的一位朋友去观察天地自然的变化的故事了？那位朋友病了，于是就很紧张，庄子就笑话他说，我们不是来观化的吗？"

女儿听了我的话，顿时满眼泪水，说：“我知道，但是，就是一场游戏，也需要人一块玩呀！”我极力地安慰女儿：“没事，你好好准备出国上学吧，我很快就会治疗好的。”

我陪女儿一起读书将近二十年时间，天天都在探索那个宇宙人生的真相，虽然也了解了许多知识，但是依然不明白，人来此世，到底何为？故而总有种漂泊无定的感觉。不论曾经有过多少欢笑，有过多少喜悦，有过多少成绩，但是心底常常会冒出那种无以名之的忧伤来。

在我的生命之流出现了一个大漩涡之后，有很多的现实问题让我担心。我担心的是，如果没有了我，女儿上学的经费怎么解决啊？如果没有了我，谁能陪伴女儿读书谈心呢？还有很多很多的问题，一时都成为了我的负担。

在我忧心忡忡的时候，女儿内心也极为压抑，虽然她表面强装着没事一般，只是一再地安慰我，不要有什么压力，一切都会逢凶化吉、化险为夷的。尤其让我不要为她的出国留学而担心，她说自己会解决好一切问题的，她说自己都已经19岁了，已经是大人了。

我们共同的宽慰和支持，使我们都成了很坚强勇敢的人。最坚强的是妻子，她一如既往地处理着家中大小事务，有条不紊地准备着女儿出国上学的东西。

那一天，女儿要到北京乘坐飞往英国伦敦的飞机去开始国外的求学生涯了。

按说，我和她妈妈都应该把她送到北京机场的，可我们只把她送到了家门口的火车站，火车从青岛开往北京，然后女儿再从北京乘机飞往英国。

站台上，已经上车等待着火车启动的女儿在深情地给我们招手，我只是远远地站着，不敢和女儿说话。

火车终于启动了，旋转的车轮越来越快，隆隆的声响越来越远。

据说，北京时间深夜两点女儿可以到达伦敦。

静静的夜里，我们一直等候着电话响起，一直等待着。

编辑旁白：作者谈到对于孩子的培养目标，说——期望孩子将来能成为一个能独立地思考世界、思考人生、思考生命的人。同时，能懂得养护自己的身体，能正确地看待自己之外的事物。也要有能力去挣钱养活自己，而不是追求物质财富。

第四部分　留学

一切都将开始

我们和女儿无法再手挽着手，却依然可以心连着心。

若是有思念
天空也是种牢狱
我在背转身的瞬间
开始哭泣
——《岛国》（老咪 19 岁作）

在很深很深的夜晚，我们终于等到了女儿到达伦敦的电话，一颗悬挂的心终于落地。

在以后的日子里，女儿不断询问我的身体状况，我总是告诉她没事，让她放心，把上学的事情处理好；我也不断询问女儿上学的情况，当然，妈妈最关心的是女儿的生活。

距离，尤其是很远很远的距离，使很多简单的问题变得复杂了，也使很多复杂的问题变得简单了。

距离唯一不能改变的，是父女之间的那种深情，我们觉得，虽然远在天边，又似乎还在眼前。

电话中，我们除了关心女儿学习和生活情况外，我和女儿依然没有忘记我们之间的思想交流，无法丢弃我们谈论诗文的爱好。女儿到了伦敦时间不长，就给我发回了她离开家去英国时，坐在飞机上写的诗。

岛国

海丧失表情 / 天的问题 / 无从回避

浪 / 伏在脚下 / 一场礁石的破碎 / 换一次呼吸

倔强的岛国 / 把地图刻在我脚背 / 想起那天 / 告诉妈妈 / 岛国在我离开的脚步中 / 宣告独立

大海 / 吐纳呼吸 / 岛国在蓝色血液中浮起 / 岸边海底 / 每个角落 / 都可以休息

从南到北 / 从东到西 / 绕着缠绵的疆土 / 回忆天鹅的羽翼

若是有思念 / 天空也是种牢狱 / 我在背转身的瞬间 / 开始哭泣

一切都将开始 / 从离别算起 / 除了岛国我一无所有 / 现在我把我的岛国 / 也丢弃

我一遍遍读着女儿的诗句，我知道她在诗歌里想要表达什么，她心中的那种情感，也只有用这样的诗句来诉说了。我读着这些诗句，只能沉默无语。

但是，我从女儿的诗中也得到了一种力量，我看到了她那种坚忍不拔的信念，那种勇于面对未来的气魄，那种敢于开拓的精神。“一切都将开始！”这是从乌云之中投射下来的一束明亮的阳光。

我也相信，什么都会成为过去，一切都将开始。这正是天地的大道。我陡然增添了许多精神和力量，我告诉自己，一定要把身体养好，看到女儿学有所成。

女儿告诉我，她阅读了很多西方的诗歌，也有不少创作。没有课的时候，她就泡在画廊和博物馆里，伦敦在这一点表现得特别慷慨，几乎所有的画廊和博物馆都是免费的。偶尔，也一个人在英国进行流浪汉式旅行，收获很多。这让我很欣慰。

我们在地球的这一面，女儿在地球的那一面，隔着的何止是一座座山，一片片水，但是，人的心灵却是可以超越这一切，我们和女儿无法再手挽着手，却依然可以心连着心。人与人之间的那种支持和帮助，原来不仅仅是物质上的，精神上的更加重要。

我在电话里高兴地笑着告诉女儿：“没问题，‘一切都将开始’！”

有条件录取和无条件放弃

“爸爸你放心，我一定能申请到一所好大学的。”

黄昏是个坏习惯
最奢侈的
莫过于哀伤
——《云层之上》（老咪 19 岁作）

女儿在伦敦，由在朋友家的暂时落脚，至寻找到合适的租房，其间的辛苦让人再也不想重新说起。出国留学大概每个人都有自己说不出的酸苦吧。

有了安稳的居住之处之后，女儿便开始申请大学。她以为凭自己在国内的优异成绩和较好的背景，不用读预科就可以直接上大学了，其实不然，英国的大学要求要有预科的成绩，否则不予以接收。女儿申请了英国最好的六所大学，尤其是申请的还是对语言和思维要求极高的哲学专业，六所大学全都没有接受。

女儿在电话中向我汇报了这些情况，我感觉到女儿的受挫，安慰她说：“不要着急，总会有适合你的学校在等待着你。再说，在英国上不了大学也不要紧，学习不仅在学校，你能够到英国，耳目所及，都是学习了。我们是去学习，主要目的是为了增长智慧，而不是文凭。别忘了，剑桥也是‘桥’。”

女儿明白我的意思，但是，她觉得让家中倾其所有，供她上学，如果没能尽快上一个好学校，那会对不起爸爸妈妈的。女儿就在电话中给我保证说：“爸爸你放心，我一定能申请到一所好大学的。”

我很真诚地给女儿说："不必有任何负担，花再多的钱都是小事情，没有学上，我们到国外游览一番也是很有益处的，怕什么呢？"

我听到女儿在地球的那一面，轻轻地笑了起来，笑声里有些无奈，也有更多的自信。

过了一段时间，女儿向我们报告了一个好消息，说是很有名的华威大学愿意有条件地录取她，并且已经给她发了录取通知书！

我们全家像是遇到了天大的喜事，高兴极了。兴奋之余，我们问女儿什么是"有条件录取"？女儿告诉我们说，就是在她正式入学之前，先读一门文学课程。

随后，女儿向我们讲述了她获得这份"有条件录取"通知书的过程：

在我当时申请的六所大学中，华威大学排行第五，五是我最喜欢的数字，而且专业是哲学与文学的双学位课程。于是，不肯就此放弃的我，开始不停地给他们哲学系的主任打电话，要求给我一个面试的机会。最长的一次，打了大约三个小时，对方终于妥协了，答应我去面试。面试进行得很成功，我们聊到了柏拉图、黑格尔、尼采、萨特，聊到了孔子、老子和《易经》。这场面试到最后几乎成了好友之间的会谈，虽然我的英文谈论起哲学来依然很吃力，但可以确信的是他惊讶于我所表达的观点与对哲学的热爱。还很清楚地记得，他问我，为什么选择哲学？我说，是命运，不是选择。他问我，怎么看尼采？我说，尼采不是个哲学家，他是个诗人。他瞪大眼睛看着我。我补充说，我就是这样的。最后，他对我说，我的哲学阅读量已经很不错了，而且我的理解是诗意、独特的，他觉得我有天赋，而且有机会成为他最好的学生。

他给了我极大的鼓励。那是一位知识渊博，眼光中却有着孩子式的诡谲的老者。但很遗憾的是，在第二场笔试中，当我被要求就莎士比亚的十四行诗写评论的时候，大脑一片空白。但是教授依然给了我录取通知书，不过，要求我在入学之前读一门文学课程。

看来女儿的英文的确不够用。

女儿好不容易得到了一个有条件录取通知书，但是，旋即，女儿又无条件地放弃了。

原因是这样的，女儿在好朋友马建那里，听说我病得十分严重，严重得不可想象。女儿就想：爸爸治病需要花很多的钱，她当时的钱被人“借”走了，自己没有足够的钱来支付文学课程和大一学费了，更重要的是，自己可能得随时回家照顾爸爸。于是，女儿自己就私下决定，放弃华威大学，暂时不读大学了。

女儿在她的日记中这样写道：

我从最亲切的朋友马建那里，听到了父亲病重的消息，还有妈妈的疲惫与无助。而我必须佯装不知道这一切，去试着安慰他们，因为如果我能让爸爸妈妈活过来，我也就有了活着的借口和必要。我失声痛哭，肠子如一寸寸断开一般。那时候如果有一把刀切我，我一定感觉不到。天衣走过来看到哭泣的我，问：“怎么了？这么伤心？”我当时就笑了，真要笑死过去。是呀，我为什么这么伤心，我的眼泪疯狂地流着，流进我大笑的嘴里，咸咸的。我想象爸爸躺在医院里，透过狭小的窗户看着天空思念我；我想象着针扎进爸爸的身体，想象着妈妈拉着他因那些冰凉的治病的液体而发抖的手；想象妈妈一个人做那么多事情，想起她娇小又忙碌的身体，和没有人对话的压抑。我就想放下一切回到中国，我要和他们一起面对，一起承担，我是他们最爱的孩子呀，我怎么可能装作不知道。

我已经忘了我是怎么走出朋友家的了，出了门看着天空，我大声地喊：“老天爷，这是要我怎么办才好，是我死了才好吗？还有什么办法呢？”就在那个时候，朋友还骗走了我的钱，我一直为自己的真诚和仗义骄傲，如今我只能嘲笑我自己。就在那个时候，我报的大学大部分都拒绝了我，因为我没有读预科，只是中国的高中毕业。我一直以为我多么了不起，却成了一个到处被拒绝的孩子。可是我爸爸每个月要交那么多钱治病，不工作就没有工资，我该怎么去交这些钱，而不觉得是消耗了爸爸的生命。我多么内疚，为什么我不能做成一件我想做的事呢？

我很麻木地在一个路口跪了下来，因为我真的没有力量了。天渐渐黑了，风好冷呀，似乎有人路过向我张望，说了什么我都忘了……

终于回到了自己的小屋，我记得当时开屋门的手抖得太厉害，以至好久都没有把钥匙插进锁孔。当门打开的瞬间，没有拉上窗帘的窗户把黑暗的天空裸露给了我，我该怎么承受呢？我安慰了自己一下，我抱着自己的肩膀，说要勇敢。于是我用手机给父母打了电话，我兴高采烈地形容着我的幸福生活，我要让他们放心。我对他们说我爱他们，一遍一遍地说，我有那么多的情感要表达，我压抑着说，小心地说。我听到妈妈声音里的叹息，我的心一紧，眼泪掉了下来，我笑着说了再见。

我那时已经没有多少钱了，但我依然天天给他们打电话，我要确定我能听到他们的声音，才不会一冲动投入泰晤士河的怀抱。

到后来妈妈知道我已经知道了爸爸的病情，就哭着对我说："宝贝，如果你爸爸真的怎样，我一定要陪着他。但妈妈和爸爸都最爱你，你已经长大了，那时候你就要勇敢。虽然你从小身体就弱，但其实我们都知道你是一个很坚强很勇敢的孩子。"为什么，为什么勇敢坚强的总是我？

一种极强大的求生的欲望刺激着我，我每天走在路上就和老天爷吵架，我咒骂它，威胁它，哀求它，拥抱它，我要它救我爸爸，救我妈妈，救我。每天如此，对着下雨的天空，刮风的天空，晴朗的天空，阴暗的天空。我有无尽的力量，一个人可以在夜里走很远的路，可以拿很重的东西，那时候是无所畏惧的，我已经这样了，你还能把我怎样。记得一天夜里，我回家，一群伦敦游荡的坏小子来和我搭讪，他们笑着叫着，说"中国宝贝"。我站在那里，一言不发地看着他们，不知道为什么，我觉得，我可以把他们全都干掉。他们看着我的眼睛，慢慢安静地走开了。我明白，从知道爸爸生病开始，我的眼里就有死亡的影子，我和死神站在一起，我每天都拉着死神的胳膊，问他要我爸爸。精神的力量是无穷的，我知道，那群活蹦乱跳的臭小子全害怕我。

我很缓慢地走回家，我很平静地入睡，入睡前我会对老天说：“我很好，不用管我，请去照顾我的爸爸妈妈。”

女儿在那个时候，唯一的办法就是用诗歌来排遣她内心的苦闷和忧愁。

云层之上

天堂／不能随意进出／我的心／魔鬼的歌／唱得漂亮

展开黑色翅膀／飘到白云之上／纯洁是让人绝望的／笑着把你的信／折成鸟／放在落日里／飞翔

黄昏是个坏习惯／最奢侈的／莫过于哀伤

天堂／铺开版图／没有可供下脚的路／永生里／是刺眼的时光

浮士德说／有胆于入世／把下界的苦难／一概担当／来吧，我也一样

在危难与挫折面前

先让自己的心安静下来，然后再慢慢地想解决问题的办法。

我只是个流浪的孩子
大花园是你的名词
用来定义美丽的迷失
——《晴天》（老咪 19 岁作）

一个人病了，尤其是医生告诉你病情已经无法逆转的时候，那种境况下的人当是什么样的心情呢？

我的感觉是：好像一只飞舞的红蜻蜓被蜘蛛网给黏住了，又像一只奔跑的野兔子突然掉到陷阱里了。那种惊恐里的挣扎，那种绝望中的无奈，只能用冷静对付那种不安。

从医院到家中，从家中到医院，似乎那就是生命的旅程。

我在医院输完液回到家中时，就在书案上铺上宣纸，把李白的《古风五十九首》一首首地抄写下来，我无心去解读李白的诗意，但是，诗人的那种与天地精神相往来的气度，总是不期而然地感动着我：

登高望四海，天地何漫漫 / 霜被群物秋，风飘大荒寒
天津三月时，千门桃与李 / 朝为断肠花，暮逐东流水
今日风日好，明日恐不如 / 春风笑于人，何乃愁自居
生者为过客，死者为归人 / 天地一逆旅，同悲万古尘

弹琴松风里，杯劝天上月 / 风月长相知，世人何悠忽

我不知道为什么这些诗句会深深地感动了我，安慰了我，它们如一股股的清泉流入了我的心田，使我得到滋润。

我也把屈原的《离骚》用毛笔抄写了一遍，其中的诗句，让人迷恋流连。

我突然感觉到，在大难面前，安静的心情比什么都重要。先让自己的心安静下来，然后再慢慢地想解决问题的办法。

当我听说女儿放弃了华威大学的消息后，我鼓励她说，事情不会像你想象的那样坏，上学的事情一定会解决好的。既然放弃了华威大学，那就再去寻找一所新的学校吧。

女儿意识到，自己解决好上学的事情非常重要，那对全家会是个鼓舞，对爸爸治疗好疾病是一种支持。于是，女儿告诉我们，放心吧，我会把学上好的。

转眼之间，圣诞节就要到了。这虽是外国人的“春节”，但是节日的气氛，却会让身在异国他乡的留学的孩子们，更加想起自己的家乡。

我在经受生死考验，女儿自然也在历经一种从未有的煎熬，下面是她当时的心情记录。

圣诞节前，每一个人似乎都很兴奋，当然我并不兴奋。因为我始终找不到这个节日和我的联系。坦白说，我是不爱过节的，节日这个东西是为了庆祝的，可所有的事都在庆祝前和庆祝后保持一致，而被庆祝的事物本身也在节日的浮光中虚无缥缈起来。也许是人类太需要理由欢乐和休息吧。可欢乐这个情绪对我来说，至少此刻对我来说，太难用个理由来搪塞。因此节日的喧闹像是印在明信片上的景色，而且这明信片也不是寄给我的。

走在伦敦盛装的街上，到处都是我买不起的华丽和走不进的亲切。我一直喜欢追问自己和其他之间的关系，在这一刻我发现，我和这个城市没有关系。虽然用另外一种语言交谈，依然可以让我活在这里，但交谈中却难有交流的快感。其实用中文交谈，我又有几

次真正感到畅快？血液里的孤独是可笑的，我总忍不住嘲笑我自己，不可救药的神经质的我自己，像一滴水被投入一个装满油的海里。我怕被融入，又怕被排斥，我需要距离，又渴望抚慰。我无法骗自己我不是一滴水，但也许我是可以在油里跳舞的水，谁知道呢？

我喜欢教堂，寂寞而宽容的表情在蓝天和绿树之间执着地信仰着。我也许还没找到我的信仰，而且我也没有多少信心，认为我最后能找到，但这并不妨碍我一直去找。这让我忍不住羡慕教堂，它沉默不语，或用钟声叹息，用管风琴写诗都让人无法怀疑它是有个不容置疑的信仰的。我走进伯明翰的大教堂，它的顶部闪着冬日含蓄的柔光。我不怀疑那个顶上漂泊着高尚的灵魂，从那里一定能进入天堂。我想，我肯定爬不上那个顶。脚下的路尚且让我摔倒。我也不奢求进入天堂。我不是坏人，可也做了许多让我常常惭愧的事。

太美丽的生活也让我难以承受，我需要压迫，需要对立面，在精神的流亡中我才感到自己活着。美丽有时是种残忍，是种负担，让人害怕破碎，拒绝上路。拥有太多美丽的人是无法背起包袱就走的吧！成群的鸽子绕着教堂实际地生存着，面包渣和废水替上帝滋养着细小的生命。谁能说面包渣和废水不是上帝的一部分，神性是无处不在的，可谁也抓不住最纯粹的那个。

今天管风琴是不唱歌的，静静的教堂构架着华丽而空灵的时空。我用尽量轻的脚步擦拂地面，我不确定周围的一切哪个会思考，哪个没心肝，只好一律用敬畏之心对待。我被彻底征服在一片五彩玻璃下。高大的玻璃画着基督的故事。耶稣在众天使的簇拥下飞在湛蓝的天上，中间是灰暗的人间世界。蒙蒙的上帝之光从耶稣忧郁悲悯的眸子中渗出，渗进灰色人间，给绝望的背景投下慈悲的希望。下面是一群凡俗男女，仰望着，眼里有各异的情绪，但看得出，没有一个人是知道幸福的。耶稣的手优雅地伸着，他细弱的喘息给我们氧气的概念。我看到他手心的那个穿孔。耶稣啊，人间是什么地方，我该如何理解呢？你手心的穿孔又如何能将下界的苦难全部担当呢？救世的主啊，你忧伤的脸和一把憔悴的瘦骨让我想抱你。是

这样的道成肉身才能超凡入圣吗？你是否可以救我呢？如果可以，就告诉我吧。

在耶稣手心斜下方，一个仰着的女人的脸让我心痛极了。她的眼里除了敬仰还有质问，除了对希望的渴求还有对绝望的无奈。除了爱还有愤怒，我真想见见那个两百年前画玻璃的人。那女人大约是个思想者吧？不然怎会有这样的对神的渴望，和这般的与神的隔阂？

老咪与大学时的导师

海外有知己

老咪在国外求学的另一个收获，就是来自不同国度的友谊。

我想
和阳光有关的是我
和我无关的是阳光
想到这儿
天就要黑了
——《关于阳光》（老咪 19 岁作）

女儿给我许诺，她会把上学的问题解决好的。于是，为了不浪费时间，在还没有大学上之前，她就去参加了一个语言班。可是，在语言班上了几天的课，感觉语言班的课讲得不怎么样，而且还花费许多钱，便又下决心不上了。

女儿在电话中给我讲了她自己设计的一个自以为得意的学习计划，说是要用一个月的时间去游览大英博物馆，一是看看这个天下闻名的大英博物馆里都陈列了些什么东西，二是用这种了解事物的方法学习英语。我听了也觉得很好，很有创意，告诉女儿说，我很赞同！

女儿就每天挎上书包，书包里装上笔和笔记本，装上面包和水，在可以免费参观的大英博物馆里一待就是一天。她对每一件展品下面的英文介绍都认真仔细地阅读，不会的就查阅词典。据女儿介绍，她可真是大开了眼界了，总的感觉是，这个老牌的帝国主义国家，所到之处，看到什么好的东西就想往自己家里拉，竟然把古埃及的一面墙敲下来，古希腊的一座神庙整个搬过去。同时，也的确对英语的学习有很多的帮助，不光丰富了词汇，通过欣赏艺术品和古文物，以及观察来往的世界各国游客，大大增长了见识。

虽然天天可以到博物馆里学习，也天天都有收获，但是，内心深处依然如天上的云朵一样飘浮着。

女儿说，她学习累了的时候，就坐在博物馆外的草地上吃面包。有时，小松鼠也会蹦蹦跳跳地凑过来要面包吃，女儿就一边自己吃着，一边喂着很可爱的小松鼠，小松鼠就成了自己的好朋友了。阳光之下，就突然有种说不出的美好和幸福！

就是这样，女儿用了整整一个月的时间，沉浸在大英博物馆深厚的文化海洋中。

那一段时间之后，女儿突然病了。对本来就很多愁善感的女儿来说，生病总会引发出更多的思考。

生病

……

给自己倒杯热水，看着白烟志得意满地升起，心里也很高兴。喝口水接着看窗外，似乎眨眼间又暗了许多。日子啊，真容易打发，生病让我做不成任何事情，除了休养什么也不做。这也好，可以静静地思考。这时候只有巴赫陪着我，有时候想他多么好呀，只要听到从他大脑里流出的声音，我的心就开始像太阳初升的冬日的海面，没有什么苦难是不可承受的。音乐，是最不可翻译的神的语言，你永远无法说清作曲者想表达什么，却永远可以从那里得到安慰。

我命令台灯站在我面前发挥光热，我命令门紧紧关上，一扇窗帘垂下，一扇吊起，我命令手机闭嘴。我虽然病了，但还是这小屋的主人。独自一人生病，也要病得有尊严。安排好一个可以思考的环境，我又开始烦了，思考是个大奢侈，天大的奢侈，我要停止思考，活着非得思考吗？我恨我自己，我不要再思考，我要做一株植物，一块石头，如果非得这么思考下去，我就宁可不活了，不行，从现在开始我要戒掉胡思乱想的臭毛病了。

我映在窗户上的影子很清晰，以至于我可以看到自己木然暗淡的表情，还有我的无力却在运动的手。这只手怎么了，有什么好写的呢？我忍不住骂我的手，骂完又开始心疼后悔，我的手是此刻唯一能安慰我的东西，以前这手也一直为我那神经质的心忙碌不停，也许以后还要忙下去。

是我不好，生病时就语无伦次，口不择言了。我对我的手忏悔，我又想家了，想起我的墨绿色窗帘和瓶中插的芦苇。不知道爸爸妈妈在做什么呢？还有我的猫和狗。记得我的狗生病的时候，我曾抱着它去医院打针，它在我怀里发抖，我紧紧抱着它给它温暖。如今我倚着墙，墙没有手臂，无法抱紧我。窗外的灯亮了起来，像我的

硕士课后小酌

台灯一样亮着。不知家里的台灯亮了没有，而爸爸妈妈又在台灯下做些什么呢？突然想到中国此刻是深夜，他们正在梦中呢，连时间也不一样，好冷啊！

天终于完全黑了，我几乎不敢再看自己映在窗玻璃上的影子，拉上窗帘，我希望明天拉开窗帘时伦敦能给个面子晴一下，那么，即使在病中，我也有理由明媚起来了。

也是在语言班上，女儿老咪还认识了一个塞尔维亚的女孩，一米七八的个子，她叫安娜。女儿说，和安娜相识，有一个非常好笑的因缘。一天，安娜毫无目标地大声喊道，谁和我一起去听巴赫？此声一出，除了引起一阵不解的笑声和疑惑的目光外，没有一个人回应她。因为大家都萍水相逢，互不相识，所以都对安娜的举动感到奇怪。老咪感觉到安娜是认真的，看着安娜严肃真诚的神情，老咪说："我陪你去听！"从此，安娜记住了老咪。

一天，安娜打来电话，电话中安娜情绪低落，似乎愁无可遣。老咪说，你到我这里来住吧。

安娜和老咪住在一起，无所不谈，从天下谈到家中，从生活谈到学术。她问老咪："你看过托尔斯泰没有？"老咪说："没有。"安娜问："你看过陀思妥耶夫斯基没有？"老咪说："没有。"安娜就大笑，说："那你还学什么哲学和文学呀？"

安娜在大学学习的是哲学与文学，深刻中带着几丝疯狂。她虽然已经27岁，但是和19岁的老咪经过几天的交往，竟然成了莫逆之交。她经常直言不讳地问老咪一些关于人性与生命的问题。

老咪这样向我描绘她的这位外国知己：脸上挂着女王的微笑，心里装着海盗的梦想，脑子里塞满了天才的文字。她棕色的眼睛在亚麻色的拳曲长发中忽隐忽现，闪着很原始的激情与希望之光。她像深林中的精灵一样散发着墨绿色的暗香。男人们爱她又恨她，在她眼里那是一群蠢物；女人们恨她又怕她，她是一个画地为牢的女巫。

这是老咪在国外求学的另一个收获，就是来自不同国度的友谊。

在牛津端盘子

每个人的命运，不管坎坷与平顺都彰显着一种“美意”，但这个美意却需要心领神会。

需要告诉你
每一颗心灵都配有地图
如果不明方向
就不要轻易闯入
——《我的迷宫》（老咪 19 岁作）

女儿经过几番周折，终于找到一个比较适合她的预科学校，就是牛津商学院，一是这个学校收费不是太高，二是在上学期间可以到牛津大学的餐厅里打工。

女儿总是在电话中随时向家中的爸爸妈妈报告自己学习生活的进展情况，对于女儿取得的一丝一毫的成绩，我们都十分高兴和珍惜。亲人对一些事情的分享和喜悦，总是一种具有很大能量的精神供应，彼此都会从中吸取力量，增加智慧和能力。

女儿听说我们也都很赞同她的想法，就很高兴。于是，她大包小包的，就如猫咪叼东西似的，把自己的“家”从伦敦搬到了牛津。

牛津商学院的课程，和女儿一贯以来的爱好差别甚大，但是，如果有很好的预科成绩，就可以考入很好的大学。所以，女儿学习得十分认真，学习成绩一直名列前茅。女儿不断地把她学习的情况告诉我们，我们也不断地把我们的喜悦反馈过去。

女儿虽然读预科很用功，不过，她依然不愿意把所有的时间都用在学习上。她知道爸爸在家中因治疗疾病需要花费很多钱，于是，就利用课余时间去牛津大学的餐厅去打工。为此，女儿便需要付出比别人更多的辛劳。

在餐厅打工，自然会遇到在课堂上、书本上遇不到的种种问题。

下面是女儿的打工生活实录。

无法日日陪伴在父母身边，为他们分担忧愁。我力所能及的就是找一份工作，尽量在生活上自给自足。于是，我开始了在牛津大学餐厅做小小服务生的生涯。起初，我真的不能适应。每天下课后，就直奔餐厅，饿着肚子，端茶送饭，一直到晚上九点。只是一个预科生的我，身上有着重重的压力，心里有着浓浓的哀伤，胸中还有未酬的壮志与对未来的迷茫。望着牛津大学的教授与天之骄子们，我既向往，又嫉妒又无奈。

我的同事大部分都是上了年纪的印巴女人，她们中的许多人连高中都没有读过，更不用说有日常读书或者思考的习惯了。每天，她们都在谈论着男人、孩子，以及女人间的琐事。那些语言绝大多数是不美的，而我偏偏又是对负面能量很敏感的人。我塞着耳机，在空闲的时候读点书，在工作的时候尽量投入地去寻找审美的趣味。偶尔，那些印巴女人问我对未来的打算，我说我打算读大学。她们都笑起来，说："看来这个小孩子长了一个脑袋！"我只能报以无奈的笑容。她们中的有些人甚至会故意让我做更多的工作或者孤立我。一开始我还可以忍受，但时间长了，我心里充满了厌烦。记得有一次，在一个同事无故地中伤我之后，我淡淡地说："你要知道，我现在的生活境况很不好，我什么都没有。可是你有家，有孩子。你最好别惹我，我什么都敢做！"这话当然是吓唬她的，但我说的时候心里真的很冷很冷。她愣在那里定定地看着我，我一言不发地把手里的盘子全都放在她手里，转身离去。从那之后，她真的再没有惹过我，看来我当时眼里有"杀气"。

那些高贵的就餐者们，大多都举止优雅。可是那些优雅里，常常有傲慢，甚至有歧视，也许我太敏感了。

在那段时光中，许多人（其实大部分是华裔）高傲地看着我把他们的盘子收走，却连声谢谢也不说的神情深深地刺痛了我。我没有话语权，那些人只看到我当时卑微的工作，却看不到我的心灵。也就是从那时起，我学会了要尊重做所有工作的人，学会了向为我服务的人报以真诚的感谢的微笑。人生到处都是课堂，不是吗？对于从《圣经》上读到的耶稣的故事，我以前一直不明白，为什么耶稣要以神的高贵道成肉身，来到人间。后来我突然明白了，即使是人间小小的差距，不亲自体会，也不能了解那种“为人下”的心境。不了解，谈何从心底尊重，又谈何救赎呢？

当然，在牛津大学餐厅打工，让我了解到了西方传统的带有贵族气息的用餐方式。那悬挂着的有几百年历史的油画，点着银烛台的厚重的木质餐桌，都如同《哈利·波特》中描绘的一般，古老而又略带神秘。而我，作为一个局外人，能够静静地观察、学习他们的传统，外带拿工资，这对于我来说，也算是一份美差。

那些不太喜欢我的同事们让我练习了在自己不喜欢的环境里走神的能力。下面这首诗就是我在端盘子的间隙，趴在楼梯上写下的：

在沙漠里唱歌

这些脸孔来自些什么心灵/这些沙石磨碎了多少根茎/我饥饿的身体直直地立着/只有头发飘扬/春天一般茂盛

为什么沙漠如此狭小/狂风怎传不远我的歌声/为什么我如此渺小/狂奔也追不上昨夜的梦/垃圾场突然安静/呼吸也变得像教堂的钟声/五颜六色的破烂/说自己是卸了妆的彩虹/而我前生女王的金冠/已锈成一堆烂铜

我哭着笑着喘着粗气/你还问我/有没有思想家的通行证/翻翻口袋/只有一个洞/竖起衣领/挡哪个方向的风

你说最大的破产／是绝望／无可救药的是真诚／我撕碎和红尘订立的／合同／转身离去／正撞上／幼稚的星空／让诗意和浪漫／去见鬼／沙子迷住了我／读诗的眼睛

是谁给我／这样高尚的任务／齐腰深的荒草／插在泥里的华丽／风筝

在沙漠里／高唱你的名／你这么无聊／我还把你歌颂／在沙漠里／高喊我的名／耳膜碎了／万籁无声

我读了女儿的这些文字，心里很坦然。我相信，凭我们近二十年的学习和修炼，凭我们一贯以来对社会人生的看法和态度，我知道女儿会有能力面对她所遇到的一切问题。

老咪在她的小窝

爸爸的生死关头

“爸爸，我们要勇敢，我们三个人都要勇敢，决不放弃！但最重要的是你不要放弃！”

春天转身离去
夏天转身离去
秋天转身离去
冬天也没了消息

只有
只有一片空旷的大地
——《花匠》（老咪 19 岁作）

女儿一边读着预科，一边在牛津大学的餐厅里打着工，我的心里也踏实多了，我的心就可以安静下来思考我的问题了。

去治疗疾病似乎只是个程序化的事情，打针吃药、化验诊断，时间一长，倒也平常。几乎每天从八点钟开始挂上吊瓶，一直打到下午两点，一瓶又一瓶的各种各样的药液，一滴滴地滴进我的身体里，汇入我的血液中。手背上血管可谓是千疮百孔，两只手来往交替，这才真的感受到左手右手原是一体，是患难中的“兄弟”；喝的中药也不计其数，什么样的苦味也都无所谓了，黄连水也喝了好多，倒也不觉得怎么苦，主要是我蔑视它们。

我思考最多的还是些没用的事情，或者在常人看来于事无补的胡思乱

想：人为什么会病呢？病是什么呢？人该怎样对待病呢？病的最坏的结果是死亡，死亡到底是什么呢？是一了百了吗？了了之后又是什么呢？了了之后都与自己无关了吗？了了之后真的就没有一个自己了吗？没有了自己了那自己变成了什么了呢？如果变成了灰尘那灰尘是不是自己呢？假如与自己有关，那不还是有一个自己吗？

凭我之平庸愚钝，如何能解释这一团生死的乱麻。于是，我就到书中寻找古时圣人贤者对这些问题的看法和态度。找来找去，也实在没有找到更好的解答，只是一些对待生死的态度，让我颇感满意。有的说："人之大患，在于有身。及我无身，何患之有？"虽然没有说到究竟之处，我倒也觉得很好很好。有的说："生，我顺事；殁，我宁也！"这话也没有论及根本，我也觉得不错。

有年长我十岁的我的朋友李代远先生，西下昆仑，重游东海，邀我出来聚会聊天。李代远先生，号禅者，诗书画大家，满腹经纶，心胸豁达，常有常人难到之处，我最愿意与之交谈。可是我病了，病了就不会和平常一样有那种不知天高地厚的高谈阔论了，于是，我以诗谢之："禅者西下昆仑峰，重游东海访旧朋。可惜人病难饮酒，不得尽情为君倾。"

病中，我最好、最亲密的朋友就是我的手机，在我的一只手被输液的针管束缚住的时候，我就用另一只手把我胡思乱想的诗句写入手机中。那时的诗句，每一句都是从心里流淌出来的，因为那是在毫无世俗情愫下的纯粹的人对生命的思考。

从春到夏，从夏入秋，由秋转冬，不论是柔和的雨水，还是惊心的雷电，还是飘忽的雪花，我的心情都是一样的平静如水，平静的水面下，却是说不清的幽深。

犹如那四季的变化，似乎我的生命也要在严寒的冬季枯萎了。医生悄悄地给他人说，我的生命期限也就是两三个月的时间。我听后只是淡淡地一笑，我没有说不相信也没有说相信，我只是淡淡地一笑。

我已经察觉到我说话往往词不达意了，但是，我知道自己心里清楚。如果有人看到一个病人说话有点糊涂了，千万别以为这个人头脑不清醒了，实际上，他心里很明白，只不过是表达系统出了故障罢了。我自己也在笑着自己呢！

那时我是完全处于绝境之中，是生命的绝境之中。这是没有身处生命绝境之中的人所无法体会的一种境界。

这一切，我和妻子都没有告诉在读预科的女儿，还是不要让她有负担，好好地读书吧！

又一个春夏之交，我的身体状况极度恶化。那时，我已经躺在北京一家医院的病床上不能行动了，我们还是没有把我的病情告诉女儿，因为女儿正是预科学习的尾声，面临着考试。我们想，不要影响女儿，让她好好地读书吧！

我的病情朝不好的方向发展得飞快，刚开始时医生说是还可以活三年，不久便说仅能再活三个月了，又过了些日子，医生用很沉重的口吻给我妻子说，很难再坚持一个月。尽管到了如此严重的生死关头，我们还是没有把这个消息告诉女儿，不想让她为此担心。

可是，女儿还是从朋友那里得知了我病重的消息。当女儿打来电话，我和妻子都无法像往常那样与女儿交流了。女儿从妈妈的声音中明显地听到了恐惧。有一次，女儿对妈妈说："不要怕，坚决不要放弃，我们三个人在一起！"妻子哭了起来，说："宝贝，你是不是知道了？"女儿半天没有回答，妻子大声地哭起来，给女儿说："万一你爸爸有个三长两短，我也不想活了，你自己一个人要坚强。"

但是，女儿觉得爸爸一定能够战胜疾病。晚上的时候，女儿又打电话来，要给我说话。电话中女儿给我说："爸爸，我们要勇敢，我们三个人都要勇敢，决不放弃！但最重要的是你不要放弃！"

我用很微弱的声音回答女儿："你不要担心和难过，我会坚持的。"

我很为女儿坚强的意志所感动，但我只能"嗯，嗯"地轻声答应着，我已经难以用正常的话语与女儿交流了。

女儿一再告诉我："爸爸一定要相信奇迹会发生的，如果有万分之一的希望，也可能会发生在我们身上呀！"

在生死关头，女儿选择了坚强和勇敢。我的病情最严重的时候女儿面临考试，但是她一点也不在意考试的结果了，只想赶紧考完试，然后飞到父母身边。

考试开始了，可是我做手术的那一天正是女儿最后一门考试的时间。女儿坚持考完了前面的科目，跟校方说明了情况，在我做手术的那天返回了中国。

女儿临来的前一天，给我打电话说："爸爸，不要放弃，等我回去！"可是，我已经不能回答女儿的话了，我只是躺在病床上，用仅有的一丝力气握起了拳头，还有两眼的泪水。

由于时间仓促，女儿从英国到中国需要转两次飞机，历时十五个小时，才到达北京。

那时，我已经进入手术室了。我不知道是在一个什么样的时刻，只觉得是在梦幻之中，我听到有人告诉我说："女儿回来了！"

下面是女儿在新作《跨越中英两国的教育机智》一书中的一段记录：

> 奇怪的是，看到在外焦急等候的妈妈和亲人朋友们的时候，我却哭不出来。当时，我们在医院的四楼，爸爸的手术室在五楼。我就站在可以看到五楼手术室窗户的窗口，一直站在那里，默默地祈祷着。我觉得，爸爸可以感受到我的目光、我的心、我的爱。
>
> 手术进行了将近十个小时，对于在外守候的我们来说，如同一生那样漫长。接连考试了几天、又坐了十五个小时飞机的我，没有丝毫疲倦，甚至没有泪水、没有恐惧，只是望着有爸爸在里面的那个房间的窗口。
>
> 那一天很有传奇色彩，原本晴朗的天空，突然大雨滂沱。六月的北京的下午，一瞬间暗无天日。大家都感到十分恐慌。大约半个小时过后，天又忽然亮了，之前的乌云一扫而光。我想，让黑暗就这样过去吧！
>
> 不久之后，医生从手术室里出来，全身的衣服都被汗水湿透了。医生说："很成功，没问题。"
>
> 那个时候，我和妈妈才放声大哭。我和妈妈聊了一夜，又哭又笑，感谢上苍让爸爸劫后重生。

走进皇家学院

经历了许多伤痛和挫折，我一直保持着笑容，我把在泪水中的微笑当作一种尊严去维持。

伦敦提供了一场晨雾
终在擦肩的人群里弥散
北京开始的风沙
在红肿的眼睛中表达春天
——《理想主义》（老咪 21 岁作）

当我从死亡之域转身而回，能够用语言和女儿交谈的时候，我才听说女儿以全 A 的成绩，拿到了六所大学的录取通知书。最后，女儿选择了伦敦大学皇家学院学习传媒艺术专业，准备学习电影导演。此时，我们相视而笑。

女儿在家中照看了我一阵子，就又回到英国上学去了。

大一的学习生活还是很紧张的，但是，对于经历了生死考验的女儿来说，一切都变得轻松愉快了。那一年的圣诞节，女儿怀着十分感恩的心情写下《圣诞寄语》：

渐渐地，渐渐地，许多的许多成了往事。许多的许多也重新进入了生活。究竟人生，什么和什么？

曾经执着地问着虚幻的问题，痴心地想要了解美丽的秘密，想要证明童话的真实存在……看着窗外的阳光，在树林间跳跃，如先

知闪烁的言辞，仿佛期待着纯净的心和有悟性的人。突然发现，我依然是执着着曾经的问题，痴心地寻觅美丽的谜底，努力地证明童话在人间！可不同的是，我不再那么精力旺盛，不再那么兴高采烈，我累了。我不再向梦想奔跑，但是悠闲的散步或许是另一种境界！只要是朝着最初那迷人的终点。

上帝的灵亲吻我的心，我有多少爱呀，可以爱你。我身边的人，但我再也不愿写甜蜜的诗给你，我只想看着你微笑的脸，看你晶莹的眼睛，然后默默许愿。

因为距离，许多我爱的人不在身边。因为时间，许多我爱的人已经老了。可因为我爱你们，距离依旧遥远，时间依旧流逝，爱却不变。

过去的几年中经历了许多伤痛和挫折，我一直保持着笑容，我把在泪水中的微笑当作一种尊严去维持。如今，一切都过去了，有时却忍不住叹息，很累，我要祝福我自己。希望明天，永远比今天更好，希望上帝与我，与我爱的人同在。

新的一年来了，无法表达的我都放在心里，让它慢慢发酵，等遇到你，给你最真诚和温暖的拥抱。

阳光洒在眼里，祝大家日子里充满光明。月光洒在心里，祝大家灵魂喜乐安宁！

在我病危的时候，躺在病床上的我已经浑身上下没有丝毫的气力了，连说话的气力也没有了。那时，还身在国外的女儿打电话和我说话——当然，我是没有力气用手去拿电话的，是妻子拿着电话放在我的耳边让我听。女儿知道我无法用语言和她交流了，她依然冷静地安慰我说：

“爸爸，与疾病战斗就如两个武士对峙，刀刃对着刀刃，谁一松气就会败下阵来。所以你一定要坚持，再坚持！”

虽然我只是用默默的泪水回答了女儿，但是她的话语一直牢牢地记在我的心里，而且产生了巨大的力量。

当我处在所谓的清醒的人们所认为的昏迷状态时，外人是不知道我正在和“敌人”进行着艰苦的决战；连医生护士也根本无法知道，那时，他们只是认为一个病人不省人事地昏迷在病床上。他们怎么能进入那另一个非常奇异的世界呢？我在《西门莲花》里曾写过一篇《地狱里的孤军奋战》，就是记载那另一世界，那种灵异空间所进行的艰难困苦的战斗的。那时，我就是大声呼喊着说：“我有女儿给我的宝剑，我一定能战胜你们！”

当我从死里复活的时候，我一直感激着女儿对我的支持和鼓舞，我认为那些战斗的场面都是“真实”的，也认为女儿所说的话语也是真实管用的，是有着巨大能量的。这些感受是无法向外人道的，常人会认为是空洞的梦幻，是昏迷时的痴心梦想。除非是觉悟者，谁能理解弥勒菩萨所说的“故说一切法，非空非不空”呢？

我坚持“战斗”，战胜了“敌人”。当发现那片纷繁喧闹的“战场”转眼间不过是一片虚无，既无硝烟，也无风雨，不禁哑然失笑。女儿陪伴在我虚弱如水的身边，当我一天天好转起来，能站立、能走动、能散步、能读书的时候，女儿又该去国外上学了。

女儿走时把她的一个很漂亮的MP3送给我，上面有她给我下载好的歌曲。我在“半壁江山”的院子里散步的时候，我就一边观赏着那些花草树木，一边听着那些美妙的歌曲，非常喜欢的歌曲是《阳光总在风雨后》。

风雨过后的阳光，比平日里的阳光更显得清新明亮。

女儿在上学期间，生活和学习都轻松多了，所面对的自然世界也明媚灿烂。女儿和我在学习思想上的交流，是一天也无法断绝的，她除了经常给我述说她功课的学习情况外，也经常跟我交流她和同学、朋友、游玩等各方面的事情。

假期期间，女儿到另外一些国家游览，一路上见闻感受，不是用电话告诉我，就是用诗文告诉我。

这是她在从威尼斯去佛罗伦萨的火车上写下的诗歌：

面具

——写给威尼斯

水 / 优雅地呼吸 / 不呐喊 / 怕将华丽的梦 / 惊起

是昨夜 / 一帆闲散 / 划碎了潮汐 / 从此 / 潮涨潮落 / 都不出这乡间弄里 / 戴面具的是人 / 赤裸的是面具

……

这是女儿从米兰到威尼斯的火车上写下的诗歌：

老猫的冠冕

——去米兰

无意扯碎的蛛网 / 一掌无奈的轮回 / 桥头弯了明月 / 杯中盛了忏悔

老猫游历四方 / 唯有故乡难忘

日月阴晴 / 瞳孔缩放 / 时光若水

这把胡须量过天下鼠洞 / 原来大致相同 / 垂尾叼四海之水 / 举目望八方之云 / 一只蝶飘过 / 依稀当年小翠

爪已磨平 / 不再杀生 / 猫粮爽脆

佛修小乘 / 观鱼梦蝶 / 不问鼠辈

老猫的冠冕 / 是晃悠悠岁月 / 静悄悄的脚步 / 晒太阳打哈欠 / 一个懒腰 / 无是无非

女儿写了很多记录国外学习生活的诗篇，在放假回到国内时，也利用假期的时间四处去游览。我们都认为，最好的书籍，最经典的经典，还是花草树木，还是山川河流，还是风雨雷电，还是天地宇宙。

女儿所到之处写下的诗篇，回家后总是急急忙忙地取出来给我欣赏，女儿也知道，这是她送给我的最好的礼物。《牧民——给内蒙古》《旧荷——给苏州拙政园》《留园芭蕉——给苏州留园》《西湖夜泊——给杭州西湖》……

其实，美好的诗篇不过是平凡生活的记录，平凡的生活本来就是美好的诗篇。

有了诗意的人生，距离幸福也不会遥远。

纸条边上的记录

总想去捕捉那个偶然冒出的思想火花，但每次捕捉到的只能是那个火花流走的痕迹。

让飞鸟从心里飞出
让游鱼从梦中游去
让主人公自由吧
让有条路生长
从这迈出的脚下
——《主人公》（老咪 23 岁作）

用大脑思考是一个习惯，这个习惯大概也是需要锻炼的。

在女儿很小的时候，我们就喜欢在一起胡思乱想，而且喜欢把思想到的事情记录下来。比如说我们以前的《南瓜园闲话》，青岫先生和老咪你一句我一句地随便乱写，而且女儿还经常画上插图。今天你看看我写的什么，明天我看看你写的什么。看到会心处，就不由地笑起来，看到“不敢苟同”的观点，就互相讨论争论一番。真是一个好玩的游戏，什么时候想起来都高兴。

女儿到国外上大学了，竟然把这个爱胡思乱想的习惯也带去了。遗憾的是，没有爸爸在一旁欣赏她的奇思妙想和奇谈怪论了，她就只好自己写给自己欣赏。

课间休息、路上等车、茶室小坐、朋友聚会，不论在任何场合和时间，

脑子里冒出了什么就喜欢随手记录在随手找到的一片纸上。

女儿跟我说，总想去捕捉那个偶然冒出的思想火花，但每次捕捉到的只能是那个火花流走的痕迹。而且，再用笨拙的文字记录下来，基本上就是“道可道，非常道”了。

女儿把她平时写在纸条边上的记录，整理好了发给我看，我觉得还是很有意思的。这是某一年之中写下的“纸条边上的记录”。

1月1日

机场像个大阴谋，来去之所被淡忘，每个人都在流浪。我不喜欢离去，离去后又不愿意归来。我渴求一个点，让我生根，发芽，经历四季与生死。我是一片云，想要变成树。一片云会迷恋一棵树，一棵树会爱慕一片云，都是出于心不定。若心定了，飘又何妨，定又何苦？任何形式的生存都是一种修炼，我明白。但对那个境界，却总是虽不能至，心向往之。了解了自己是个初级慕道士，机场虽然像个大阴谋，我也就没了野心拆穿。

1月7日

常走神，发呆，做白日梦。我的灵魂有外遇，与那飘过的每一缕风。想一些无关紧要的，如一个哲人；做一些无关紧要的，如一个贵族；说一些无关紧要的，如一个唐僧。在那些紧要时刻，沉默微笑。最后做个总结性发言：天凉好个秋！猛然发现，站在严冬的西北风里。我其实什么都明白，我的小亲爱的。正是因为我懂了，才这么 What Ever，才如此爱咋咋地！

1月13日

玩得到头，开始工作。论文是场华丽的便秘，最后释放，必然如大彻大悟，全身通泰。当年写中文，下笔万言如滔滔江水，如今方体会古人的“吟定一个字，捻断数根须”。关于这个 New Hollywood Cinema 的问题，俺娘说了：鬼子的东西，其实不难。一切帝国主义都是纸老虎，也就是 Paper 做的 Tiger！！！

1月16日

护照需要延期，期盼可以换个新本本。因第一页本帅猫的照片如同熊猫盼盼携带自杀性武器，做了一名光荣的空降兵，而且脸先着地的容貌。各位见过我的同胞都理解那纯属相机进水，一场误会。可就因此，五年来我痛恨这个旧本本。时光随意地一流淌，我的护照就过期了。今天突然想念高中提着画板走出画室的时候，满手油彩，满心梦想。每个理想主义者都有过最纯粹的时期。当年，那就是我的黄金时代。如今时移势转，我那光灿灿的心已进化为钛合金。正所谓逝者如斯。

1月23日

先知纪伯伦说道："一个女人可以用微笑把她的脸蒙起来。""忘记是自由的一种形式。""爱不占有，也不被占有，因为爱在爱中满足了。""自我心深处，有鸟飞起，飞向天空。"这些句子都是我喜欢的，一读到，就觉得温暖。我迷恋温暖的感觉，却又必须拥有空旷的世界。有的拥抱太紧，足够温暖却让人窒息，有的空旷太荒，虽然自由却也凄凉。这难以并有的味道，唯有你用温暖又飘逸的思想拥抱我时，可以感受。那迷人的奶油做的心，咖啡豆磨的大脑。上帝说：爱是恒久忍耐，又有恩慈……爱是永不止息。

1月25日

窗前的芦苇发黄了，却高瘦清雅，如一位名士。就是有那么一种人，破衣烂衫也带着卓然不群的味道。有的美人站在你面前，等你仔细检查他（她）的脸：黄金比例，合理布局，绝妙细节。根据四书五经连环画，千百年来的标准量量，你由衷感叹：善哉善哉，美到顶了。等他（她）走后，却没有太多让人怀念回味的。有的人不是那种四海皆准的美，长得很随意，基本都是没有什么意外后果的巧合。你觉得这五官没什么大不了的，只是那眼神，那笑容，和那皱眉的样子，让人忘不了。这种美，是种气场，上一种美，是种器械。一种是外家功夫，一种内家修为。无谓谁好谁坏，各有各的境界。一个是有鼻子有眼睛，小模小样让你叹为观止，呆若木鸡。

一个是无招胜有招，杀人于无形。看着芦苇摇摆，胡思乱想。若有人捧芦苇给我，定比玫瑰更让猫颜大悦。这般淡然的华美，更适合我清风朗月的爱情。

1月28日

我个子虽小，头却很大，并将此视为智慧的象征。我的样子积极进取，如一株盛开的太阳花。妈妈生我历时十八个小时，头大乃原因之一。初中主持节目，有人说像鲁豫。揽镜自照，并不觉得像，突然醒悟，她头也大。后至伦敦，人言此地天气多雨，适合你。想起儿歌：大头大头，下雨莫愁，人有雨伞，我有大头。读出言外之意，遂沉默。再后，一友人严肃告之：想到一工作适合你，又清闲，又可发挥君之特长。仔细问，原来是指非洲土人，有以头顶筐，运输收获粮食之俗。若我去了，只需工作于农忙时节，却因为头大，可顶两筐每次。头大，脖子却细，整日摇头晃脑，吟哦度日。试问普天之下，谁解这般知识的分量。呜呼，摸摸我的大头，无比感慨，无怪我生来乐天。有这般大头，怎会如一般人，遇事则愁的一个头两个大，一个足矣。

2月15日

所谓成长，是个什么样的过程呢？原来，我是一粒种子，后来，发芽了，后来，开花了，后来，结果了，最后，在那四季轮回后的果实里。我，原来是一粒种子。成长的烦恼，是离开了本我的疼痛，还是寻找自我的迷惘？一粒种子面对一个世界，还是一粒种子包含了一个世界？成长是个不断重复，不断重复以往成长中的问题，问题的被解决，问题被解决后的虚空，虚空中诞生了新的老问题。太初有道，道可道，非常道。

2月28日

爱情本身就是一场战役，不同其他的是，不管谁做了谁的俘虏，都是一种甜蜜。

有猫叫春，你向她解释“冬天已经到了，春天还会远吗”的道理，她会告诉你：春天啊，是需要被呼唤的。

3月2日

咪雅好博古，不喜俗务，尤厌庖厨市井之计，人以生活能力低下笑之。奈何平生大半，双手所携，不过笔墨，两唇所议，无外诗书，以致五谷不分，街巷之声不晓。友讥之曰：君自视甚高，以为练达人情。可解何以烹羊解牛乎？可解何以供水电日用乎？咪一时失语。呜呼！古语有云：耕当问奴，织当问婢。今卿以不通事务诟怡红公子，咪之谬乎？卿之谬乎？

3月5日

大唐盛世在杜甫笔下也不过是“朱门酒肉臭”。再荒淫无道的帝王在正史笔下，诞生时也是驾着五彩祥云，翩然而下。这告诉我们，同是写文章，有的民用，有的御用。

3月11日

人生最值得感恩的不是顺风顺水、平淡无奇的一生。而是经了人情冷暖世态炎凉，也看了人性的丑恶，生命的荒诞后，还能发自肺腑地爱这人间，用心生活。万丈红尘，本不须看穿，但那一眼就明了的剧情也就不用再演了。如今全世界流行装嫩，懂也装个不懂。奈何你的台词我全明白，对那结局我早不执着。须知小女孩的幼稚褪去后，女巫老谋深算的纯情如一汪清水，映出淡月疏云，好个清朗人间。

3月14日

有些事情太有意思了，想想就好笑，就不忍再讲给别人。于是，那最有意思的，终究因为太有意思了，成了一场好戏，一篇小说，一次白日梦。落花流水春去也，亲爱的，你这么有趣，我也只能让你宛如春梦了无痕了。

3月15日

中国文人大多身上的味道很多。好的就是道儒释各种思想调出的鸡尾酒，分量不同也就味道各异，境界高低，只可意会。不好的，如同千年来别人口水冲的陈茶，奈何附庸风雅的世界就好这一口。

3 月 18 日

中国文人写文章，自唐宋以降，通病为盛气凌人而言之无物。韩退之扫六朝金粉，兴古文运动。言曰：师秦汉之意，非师其辞。奈何口号易喊，笔墨难践。东坡性情可爱，不做勉强文章，倒是做到了行于当行，止于不可不止。及至后代桐城派之重义法，阳湖派之追高古，更是矫情。发思古之幽情固然好，却因思维狭滞，难通古人洒脱纵横之心。失却一颗真心，仅凭词句，哪里做得好文章！文章者，表情达意也。以为拘泥文字，终究让千古之事成雕虫小技。

3 月 19 日

长大其实是个寂寞的事情。像一朵无声开放的花，在枝头一日日遇到阳光、风雨，有一天，叶子落了，又化作泥土。回忆长大就是个更寂寞的事情了吧。想起小时候写的诗，有一句是“已是梦中梦，无奈飘里飘”。当时青岫先生读了，大笑半天，也说不出个为什么。如果真把原因说出来，就是比回忆长大还要寂寞的事情了吧。

3 月 21 日

安静到什么程度的时候，才能听到落雪的声音，和我在心里对你说的话呢？我想象如果真的爱你了，就让你送我一盒拼图，我们可以慢慢拼，好像拼这一日一日的人生。不过你是不会送我的，因为我走后，你不能够面带微笑一个人慢慢拼完。有些情感走了，留下淡淡的思念，淡到自己觉察不到，淡到成了习惯，却弥留一生都不散。安静到可以听到落雪声音的时候，安静到可以听到心里的话的时候，突然想到你，只一秒钟，又继续生活。

4 月 15 日

在公园长椅上，一个老头子低着头，头顶有一只鸽子，脚下有一群鸽子。天蓝得不成样子，阳光明媚，是那种足以让人原谅伦敦过去一个星期阴霾的晴朗。可是，这样的晴朗，把孤单照射得更加无处躲避。孤独四处散落在这个城市，孤独的人用沉默保持着尊严。

比如老人，比如鸽子，比如我……

5月28日

深刻的孤独感让人完整，而越完整的内心便带来更大的孤独，因为等闲的陪伴已经不能提供安慰。没有交流，没有窗口，没有出路，自己是自己，独自长大，独自死亡，都没有足够勇敢的旁观之目做见证。很多这样的心灵，都预见过自己在后世的荣光。但一直看向自己的心，沉溺在自我这个巨大的概念下，真是一种属于天才的可悲。但最后还是可悲的，应该看看外面。

6月29日

弘一法师有言曰："应使文艺以人传，不可人以文艺传。"李代远先生当年以书画小技，不肯授咪，怕误大业。然何谓大业乎？咪总不能免俗，尘心繁重，每反观自照，深恶己心之不静不洁。难若儿时心思纯净，只思于笔墨间得份淡淡欢喜。从未思想红尘万丈，只觉修行到了，自有大道通天。这些年漂泊在外，锐气消磨，旧志难忘。求胜心切，飘逸情损。莫非真如前言："小时了了，大未必佳？"何为出路？何为救赎？人生中所历之事必有上帝美意在，愿咪能有朝了悟。

12月12日

萨特与法斯宾德都是缺少父爱的孩子。前者说他是在无超我的情况下成长的，后者说他是他自己的父亲。这样的伤害让他们的世界破碎，糅合他们的天赋，成了他们的事业。于是他们破碎的世界提供了世界一个审视破碎的机会。

我非常喜欢读女儿这些文字，喜欢她的天马行空的思想，喜欢她的华丽美妙的辞藻，喜欢她那种幽默诙谐的风格。更重要的是透过这些零零碎碎的片段，我对女儿的内心有了更深刻的了解，也有了很好的理解。这一段段的短文，好似女儿成长的年轮，我醒悟到：女儿在不断地长大。

不过，女儿这样的习惯有许多好处，也有许多不好的地方。比如容易犯老师经常批评的那种"思想爱开小差"的错误，有时会影响听老师讲课。

所以，女儿在上小学的时候，她的班主任就说："王筱菲虽然是个好学生，就是有时像个小迷糊。"上大学的时候，老师如何批评她的，我们就无从知晓了。

美国访学聚餐

人和树的情谊

"爸爸，我们是共用了一副灵魂呢！"

我最大的秘密就是
我有一片森林
每一棵树
包括被砍倒的
都是我的
——《这片森林是我的》（老咪 23 岁作）

我在家中，女儿在国外，可是心时刻在一起。女儿曾经说过："爸爸，我们是共用了一副灵魂呢！"

女儿之所以这样说，是因为我们平常想到的事和要说的话，常常不约而同。

在我与女儿的越洋电话里，交谈的不仅仅是学习的问题，不仅仅是生活的问题，还有许许多多的无关宏旨的闲事。所谈的那些事真是没有什么用处，只是那些事在心里难忘罢了。

有一次，我和女儿说起了树。

我说："我和树真是太有感情了，它们是那样美丽，那样真情。我真想它们。"

女儿说："我也是，喜欢树。我也一直想念着我的那些树。"

我说："我的树与你的树不一样，我和树的那种感情大概你不会了解。"

女儿说："其实一样，我的树和你的树也不一样，我和树的那种感情大概你也不会了解。"

说完，我们同时大笑。

一时所说的闲话，风一样转眼就飘逝了。没想到飘逝的风里会藏着细微难见的种子，不知道什么时候会落在什么地方，竟悄悄地生出苗来了。

有一段时间，我写下了一系列的《村里村外的树》。这是其中一段：

大门前的臭椿树

树，不论长在哪里，都还会倒下——有一天。

我不知道那些树是不是还在原来的地方站立着，可是我发现，它们还一直站在我的心里。

当我发现那些树还站立在我的心里的时候，我万分惭愧。曾经有多少日子，我的心被俗世的尘埃弥漫了，那些树的美丽的身影都被遮掩起来。树，没有一点声息，远远地站立在心的深处。

当我心的天空澄清的时候，那些树突然展现出了翠绿的身影，它们的枝叶，它们的花朵，摇曳在我的眼前。摇得我泪水都流淌出来了：树啊，你还在我的心里呀！

一棵，又一棵，又一棵，又一棵。无数的树都出现了，它们还是那样年轻，美丽。

我说，我的树啊，让我一棵一棵地和你们握手吧，让我一棵一棵地和你们拥抱吧！

不对，我的树啊，还是让我爬到你们的身上，骑在树杈上，骄傲地俯视整个的天下吧！

总是抢在前面的，是那棵我家大门前的臭椿树。

臭椿树站在我家的大门前，却不是我们家的树。

但是，我把它当成了我的好朋友了。因为，我去上学的时候，我就把我的羊拴在树下。

我一放学回来，没进家门，羊们就向我直叫。我听不得羊的叫声，我心疼它们挨饿，就放下书包，脱下鞋子，几下子就爬到树上去了，给羊们掰下来很多树叶子。羊仰起羊脸，等着树叶子往下掉。

臭椿树真的有些臭，但是它的叶子长得很潇洒，很稠密，风刮起来，摇摇摆摆，很风流的样子。

臭椿树的花很美丽，一大串一大串的，菱形的花瓣，半青半紫，真好看。但是，羊不喜欢吃臭椿树的花。

臭椿树很招臭憋虫，那些灰色的臭憋虫最喜欢趴在臭椿树的树枝上。臭憋虫和臭椿树一样的臭，但是，臭憋虫一旦张开翅膀飞的时候，就非常美丽，它展开的翅膀是红色的，很妖艳。它一飞，我们就忘了它是臭的了。

我用白色的纸包在圆形的地瓜上当电灯，再用地瓜秧子系上当电灯绳子，然后挂在臭椿树上的枝子上。

我很为我的重大发明创造而高兴，但是，没有人褒奖过我，只是遭到过一些嘲笑。

后来，我和臭椿树的秘密，就不给人说了。

我心里的秘密只有臭椿树知道。

真有意思，有一天，女儿给我传来她写的关于树的一篇文章，我读后，既惊奇，又兴奋。啊！我们竟然不光在心里想着树，而且都还给树写了文章。

女儿是这样写她的树的：

我和树的隐私

树可以给我各种心情，因为它是植物，我们之间没有语言这种低俗的东西，我们沟通是靠阳光、雨露、风声和鸟鸣。但暧昧的关系是需要心领神会的，所以，有时连这些也不需要，我们都明白，人和树之间的隐私，天知，地知！

小时候，还不知道什么是爱的时候，我就很有自知之明地觉得自己是个多情的孩子。后来，五岁开始写诗，更证明了我的确多情。每一个诗人都是大自然的情人，这是甜蜜的劫难。

我和树之间就有很深厚久远的恋关系，这不是恋爱。这是恋，

恋是难以理解的，如晨雾打湿树叶，不知不觉地写入年轮。

1. 幼儿园的槐树

他粗大而苍老，但槐花却娇嫩又香甜。每到槐花在夏风中落散，小朋友们都去捡，我总是在角落里告诉自己：“其实这些花都是槐树送给你的，只是别人不知道。”

槐树干上系着秋千，那是我一生中最拿手的游戏。秋千常让我怀疑会一下子把我荡出童年，所以我总在飞得最高的时候忧虑起来。我不确定童年之外是否也种着这棵槐树，如果有树，是否上面也系着这副秋千，如果有秋千是否还可以让我荡回童年……

在我从幼儿园光荣毕业后，槐树也消失了。于是我觉得槐树带走了童年。他是太想念我了吧，于是他用他的消失和童年的消逝让我学会了想念。

我那时小小的一个人常说一些很怪异的话，爸爸说那是诗。真奇怪，这些话我也对槐树说过，他却总是一言不发，一直到秋天，叶落了，我才听到他的表达。他说的是：“秋天来了！”

2. 窗前的白杨树

我和白杨树对视，他总是赢。他硕大的眼睛一眨不眨，风来不眨，雨来不眨，我盯着他看，他也不眨。我却盯着盯着就败下阵来，我怕他看明白，至于怕看明白什么，我也不知道，于是就更怕。他一直站在我窗前，晚上，不拉窗帘，月亮把白杨的影子投进来，墙上就如印了水墨画。我用脚丫碰墙上的影子，我觉得白杨眼里的我应该挺好的。他眼里全是安详和庄严，他是个不太说话，不爱开玩笑，骨子里又特有情趣的朋友。

3. 英雄山的松树

晚上散步，爸爸妈妈和我，这样的日子是最平凡又幸福的。有一阵子，爸爸到远处工作，晚上散步，妈妈和我，这样的日子，月亮总是很肥硕。

孩子们爬到松树上，原以为挂在树上的夜里的星星，在孩子们到达树顶的时候依然无法摘到。我的心也随之暗淡，星星是属于另一个空间的，是夜的被炫耀的隐私。我对松树感到抱歉，那些踩着他臂膀的脚从没和他交流过星光刺过松针的感想。

这时，某个爬上树的男人突然在树杈间点燃了一支香烟，烟的火星跳跃，男人拿着烟摇摆，烟的火星若飞旋的星光……我一下子兴奋起来，又跳又叫，一直到烟熄灭我才安静。眼泪静静地滑落，别人若问我为什么？我会回答：因为星星在松树上跌落。但我静静地等了好久，一直到眼泪干了，也没人发现。

4. 初中的树

在初中我收了很多信，频率为两天一封，长度由15个字到5000个字不等。我再也不会那么仔细地读那么多信了吧。因为那种认真不但需要情感还需要极度稚嫩的青春。一个15岁以上的人开始逐渐缺乏的东西。

收到信后，我习惯在自习课跑到最后一排的靠窗的座位回信。因为这个空间易守难攻，绝对私密。除了窗外的树，没谁会注意到我在做什么。当有一天下午，风雨大作，我被树在风雨中低沉的呻吟打断，抬头看他摇首摆臂的样子，突然醒悟到他读了我这么多的信，他是这些故事中除了当事人外的最知情者。立时便对他有了异样的感觉，从那天之后，有什么事情，包括写信之外的事情我都会对他讲。

如果下课有朋友来看我，我会瞄树一眼，暗示有人来了。我和自然之间有许多这种近乎仪式性的举措。但5岁之后，我就学会了掩饰自己是个疯狂的泛神论者这一事实。

我去了远方，儿时的信终于因为找不到一个足够温暖的地址而消散在人群里了。树大约还站在那里吧？是否有哪个同样痴心的傻孩子日日在他旁边回信呢？初中的树，年轮一年年增长，见证的是一日日的青春。没心没肺却充满激情与约等于忧伤的日子真好，树一定还站在那里呢！

5. 高中的树

高中的后山叫观象山，有一座天文台可以看星星。高中的前面

是个弱智幼儿园，有几个窗户可以看傻孩子。高中有几个画室，摆满画架、画板、颜料……我们创作，又哭又笑，满脸放炮。那时候我们就是满眼星星闪烁的傻孩子，校园里的树们在看我们，这应该是种天堂般的生活了吧。

不知道怎么说，高中的我很快乐，主要因为我在画画。我对高中有很深的感情，深得不敢去测量，那是洗过太多画笔的湖，掉进去会被染得七荤八素。

高中的树们很有灵性，据说画画的孩子都野，许多年前，老师经常到山上抓逃课的学生，但树太多，孩子太野，很困难……

6. 大学的树

考大学的时候，伦敦大学的皇家学院就是我的梦想。原因是它的古老建筑和森林，我觉得在这里生活，像个精灵。如今，虽然没有过上真正精灵的日子，我依然要靠脚行走，但打开窗，绵延的树木向天边伸展，风景里一半是森林的苍绿，一半是天空的蔚蓝。

我常常傻傻地站在窗前，笑或流泪。这里的安静给我很多形容不出的情绪，所以，通常我会拉上窗帘。我怕总是见到树们，我就总是在情绪里。

清晨，习惯徒步上学。路上有许多高大的古木及一些妖精一样的藤蔓缠缠绵绵，落叶厚厚的一层。我最喜欢无人打扫落叶的地方，那经历许多季节的叶子层层积累，像是时光暧昧的日记，被我的脚指尖悄悄阅读。清晨的阳光洒在脸上，我猜树的影子正亲吻我的脸。植物的体香和鸟鸣都新鲜如婴儿第一个笑容，偶尔一只松鼠跑过，在不远处停下，抱一个大松果一边吃早餐一边不客气地打量你。每当这个时候我总下意识地整整衣服，松鼠的眼神真他大爷的悠闲又傲慢……

校园的古堡在阳光下是金红色的，壮丽又性感。能把这两者结合在一起该有多难呀！我每次见到这建筑都忍不住感叹，是什么给了它这么灵动怪异的气质？是时光，还是时光里的人和事？

这金红色的古堡在树木的拥抱下优雅地立着，秋天里，一些叶

子悄悄变红变黄，我却还以为是染了这古堡身上的颜色……

7. 山头火的俳句

山头火的俳句：“日影何时成月影，皆为树影。”我特别喜欢！

树和人之间，是多么奇妙啊！是不是每一棵树都会和某一个人有着很秘密的关系呢？有的树是不是从来没有人记得它呢？如果是那样，那棵树它会孤独会寂寞吗？

还有，是不是每一个人都会和某一棵树有着很秘密的关系呢？有的人是不是从来不记得一棵树呢？如果是那样，那人心里该是多么荒芜啊！

但愿每个人心里都有一棵树，就如月亮之中有一棵桂花树一样。如果是那样，每个人心里散发出来的光就会和月光一样皎洁美好吧？

日影何时成月影，皆为树影——王辉湘摄

过去心不可得

过去是没有的！我们所回忆的往事，依然是现在的心情。

你知道这一切是有这一秒
像烟灰洒落了如云烟

该散的电影都散了
旧的海报留作纪念
——《你知道》（老咪 23 岁作）

一个孩子上学，是不是整天就是学啊学啊，像一个天暮时分急着赶路的人？

我看到很多的家长都要求孩子说："好好学，别贪玩！"对于家长的心情我理解，对于这个要求我怀疑。难到"玩"就不是学习吗？难到"学"就不是玩吗？是人们把学和玩对立起来了。

我也仔细地想了，人们之所以把孩子的学和玩对立起来，是因为没有弄清楚学和玩这两件事。如果是在一件事情上，没有深入、没有发展，仅仅是在一个原点上消耗时光，那个样子就是"玩"；如果对任何一件事情，用心去观察它、思考它，不断地从一点上有所延伸，那就是"学"了。怎么能把一个孩子的学习死死地规定在有限的内容上呢？当然，一个人不可能把什么东西都学了，只能在某一个方面有所成就。但是在广博之上的学习，才能有专门上的优良。

就是对于过去的事情，我和女儿也总是喜欢回忆的。虽然过去的已经过去了，入了乌有之乡，但是，人如果用心去思索那些过去的事情，那些事情就会如吃到牛胃里的草，又被反刍出来，供给你美味和营养。我曾经给女儿看我写下的一首名为《日子》的诗，其中有如此两句："一个个的日子是一片片的桑叶，我是吃了那些叶子的蚕。"吃了桑叶的蚕会吐出丝来啊！

我想，大概是我和女儿都有这样的想法，才使得女儿有那样多的爱好和性情吧。在女儿上大学期间，虽然学业繁忙，依然喜欢回忆、思索、写作。

女儿把那些往事，称为"不可名状的梦"。

不可名状的梦

常常是这样的，独自站在街头，或坐在长椅上，或者透过咖啡店的玻璃与火车的窗口，某个突然且巨大的美丽冲向我。一阵眩晕，我沉默地笑了。也曾想向身边的人说："人生多么精彩。"但最后我还是如同一棵树一样，一言不发。阳光和风来了，人们来来往往，云和鸟从头顶经过。我想象自己是一棵树。如果把我锯断，将唱片机的磁针放到我的年轮上，一定会有交响乐奏出来吧。我做过太多不可名状的梦。

J

去上小学的班车还没到，我又提前来到了等车的操场上。早上有雾，我是多么喜欢有雾的天。一切都因为看不清而好看起来。我想自己会不会因为有雾而看起来像仙女呢？只是这样的一想，也轻盈了许多。从不擅长做游戏的我只好作诗，小时候，我心里时常冒出一些美妙的诗句。我像采到蘑菇的小姑娘脸上露出笑容，却全然无法向同伴解释这份心情。等班车的操场上，我在雾里以一个准仙女的心态写诗。老师称我为小迷糊，我是那么地迷糊呀。上学曾忘记带书包，回家曾敲错房门，丢过一切可能丢的，永远都找不到北在哪里。我却把这称号当成表扬，我如梦如幻的童年像一朵盛开在雾里的曼陀兰。

没赶上班车的一天，下大雨。爸爸骑自行车送我上学，雨里有

很多落叶。自行车轮子激起水花，人们穿着各色的雨衣，打着各色的雨伞。爸爸的军装湿了。我突然伤感起来。总觉得有一天自己会远行，在雨里让爸爸骑车载我上学的日子会变少。要知道，这得等赶不上班车，下雨天，这个爸爸，这个我，这辆自行车几个条件都同时满足才行的。

许多年后，我去J，看我出生的地方。小时候广阔如草原的游戏场原来不过是个小草坪。原本一切好吃的应有尽有的大商场也不过是家小小便民店。那可怕的白色大门里，我曾打过无数的针，如今看来只是小得可怜毫无敌意的门诊部。唯有白杨树还是那么洒脱笔直，睁着巨大的眼睛。究竟，是这个世界变了，还是我的眼睛变了呢？童年呀，是只能在雾里观赏的花。

儿时的好友都没了联系。初中，高中，基本都是这样，我总是背着行囊离开，从不回头看的眼睛里有人们从不曾看见的泪水。有谁值得一直保持联络呢？大家都变了，但每个人都值得默默怀念。

上次回去，没有去我的幼儿园。上小学的时候就已发现，毕业了的大班孩子，就不好意思再和幼儿园在读小朋友抢秋千了。

Q

10岁来到Q，只是换个城市，心情却如同外星人。这种感觉之后再也没有过，不管是在欧洲还是在美国。当我终于在19岁时以离开故土的心情离开Q时，故乡已变成了永远的悬念。

小学的最后两年，我一直想寻找归属感。在海边的礁石上，水草的味道如同迷幻药。看到海浪起伏，心里就充满崇敬感。我想这就是人生，这就是家吧。那个时候在读黑格尔，那个时候却实在很浅薄。大概是太努力了吧。每次我太努力读课本或在大家面前试图好好表现时就觉得自己很虚伪。

初中时候，成绩开始下降。有个男孩，每天跟在我身后，眼里都是真诚。我却总爱和写信给我的大哥爬到山上看日落，或沿着海走很远很远。每天都收到男孩的纸条，都是一些细小的关心的话。大哥的信也一天天增多。我常在教室最后一排望着窗外的阳光写信，

或者靠在墙上有心无心哼着歌，心里从来不敢认真思考爱情的事。大约有一年没交物理作业了吧，只有作文永远是第一。毕业时，男孩在车站说会一直等我，不论多少年，不论走多远。他说他知道这就是爱，一颗泪打在他的手背。我从未握过他的手，总是帮我提东西，拍我肩膀，还为我打过架的手。高二的一天，突然听说他恋爱了。从此不再害怕听别人说爱我。大哥的信继续增多，也开始提起爱了，我却不能面对。那个时候迷恋着尼采，我像一团自燃的火焰，似乎每天都在高烧。

高中开始画画了。线条，色彩，结构，我完全地痴迷了。发现世上还有那么好的事情，让人快乐，单纯又丰富。和我一起游戏的两个女人，一个总皱着眉头唱摇滚，给我讲一些有趣又伤感的故事；一个热爱凡·高，画起彩画表情如同晚霞。高中真美呀，再也没有这样的美好了。心思单纯地读书，画画，偶尔回一些信，写些小诗。暗恋楼上班神经质的孩子，喜欢看他背对球筐投篮，和说一些奇怪的大脑抽风的话。真是可爱呀，他曾快上课的时候跑出去买糖给我吃，眼睛如同小朋友，里面全是惊奇。

有时逃掉晚自习，一个人跑到海边，画些老房子、树和行人，做出流浪者的散漫随性的样子。那时我的画板上写着幸福属于随性的人。

当我决定离开中国，最后一次画石膏像时，提着我的画箱走出画室，穿过长长的走廊，我知道，我在告别最珍爱的一段时光。我像一条蛇，缓缓褪下最私藏的皮，为了必须面对的新生活。那或许绚烂，但人生是否还能有这样的奢侈？拥有不确定的青春，全身心投入地学习喜欢的事情，在父母身边，有人爱着，也偷偷喜欢着别人。

这个城市有许多令我迷恋的地方。那起伏的道路总让人对路的那一头抱有幻想。海的叹息，让各怀心事来看海的人都在各自的忧伤里找到了美感。离开这个城市，应该是人生最后一次出走了吧，走出后，外面的世界就都一样了。

佛说，过去心不可得。是佛怜悯我们不要再执着于过去吧？过去是没有的！我们所回忆的往事，依然是现在的心情。可是，现在心也是不可得的，此刻已成陈迹。

对过去、现在、未来，不是不想，而是对它们要有一个正确的认识。犹如你眼前的云烟不是说没有，而是说你要知道它们不过是云烟。

当我读女儿下面的这首诗的时候，我觉得人的心真是难以“降服”。

读旧时诗篇，思念故人

独坐小屋灯明灭／窗外万家连星河／偶然翻看旧诗篇／清愁巧笑恰如昨／繁花满襟少年时／白衣胜雪轻狂歌／当年故人皆忙碌／如今向谁叹寥落／尺牍渐黄雁渐远／何日再约青山阿／朝朝暮暮前生事／点点滴滴今生错／纵有相逢如浮萍／终归参商各起落／念君名姓泪如雨／原是痴情应笑我

在女儿在异国他乡读大学期间，我们虽然不能面对面地一起学习，一起交流了，但是，我们还是以文字在做父女之间的心灵沟通。

以前写信常有一句话说“见字如面”，我和女儿之间，因为有文章和诗篇作为我们交流的工具，所以，我们有时竟然忘记了是远在天涯的，竟然感觉着如在眼前一般。只有当忽然转过神来的时候，才知道我这里的白天，原来是女儿那边的夜晚。我们分处于地球的两面啊！

关于你的记忆

感谢生命中那些意外，因为它们让我理解人生。

总有个声音
不停地响
——《歌》（老咪 23 岁作）

转眼之间，女儿大学毕业了。

女儿大学毕业，曾经是我渴望的一个终极目标。因为，我生病的时候，女儿还没来得及迈进大学的门槛，如一只没有地方落脚的鸟，盘旋在空中的风里。可是，我的病又似凄冷的雨水，洒在女儿的身上。

那时，我总是不断回想起陪女儿读书的历程：女儿上小学了，我曾经骑着自行车天天地接送；女儿上初中了，我曾经天天坐公交车把她送到学校门口；女儿上高中了，我曾经天天傍晚在车站上等候女儿放学回家。上学的路程上，多少风雨严寒，都被我们读书学习的快乐消融了。如今，女儿要上大学了，我却病了。而且，病很重很重，医生说好了能活三年。我就想，只要我能坚持活到女儿大学毕业就行，那时，女儿就真的大了。

终于，我穿越了死亡的幽谷，又有幸陪伴女儿共同度过读大学的时光了。虽然，她在海外，我在家中，但是，我们是在“共读”大学。

转眼之间，女儿大学毕业了。

女儿大学毕业时，取得了非常优异的毕业成绩。女儿就读的英国伦敦大学皇家学院传媒系，是世界上非常有名的传媒专业。她那一届大学生全

校共有一百名，毕业时还剩下七十名，有三十名同学没有闯过毕业的这最后一关。女儿能以非常优异的成绩毕业，实在是出乎我们的意料。

女儿给我说，她真的不是个好学生，因为她的同学们都太优秀了。在她那届的一百名同学中，英国学生占百分之七十，其他国家的学生占百分之二十七，中国的学生占百分之三。在中国的三名同学中，有一名是来自香港的，有一名是中学就在英国读书的，再就是女儿老咪了。

女儿为什么给我说她不是一个好学生呢？她是说她的同学都太优秀了，一个个能歌善舞，大部分都会一两种乐器，都有良好的艺术训练。唯独女儿老咪一样乐器也不会，再者，女儿的英语总是无法和别人的母语相比。女儿说：我体会到“天鹅”变成“丑小鸭”的滋味了。

然而，女儿大学毕业时，竟取得了非常优异的成绩。

我问女儿：“根据你所说的情况，我感觉能顺利毕业就万幸了，怎么又成了优秀的学生了呢？”

女儿回答：“我可没有什么摇身一变的魔法，事情总是在不断发展变化的嘛！”

女儿说，她的大学成绩可以分为三个阶段，第一阶段，是下等学生；第二阶段，是中等学生；第三阶段，是上等学生。为什么这样说呢？女儿给我说：在毕业的总成绩中，前两个阶段的学习成绩占百分之三十的比例，最后一个阶段的学习成绩占百分之七十的比例。前两个阶段主要是学习基础课程，女儿的语言比他们差，电影知识比他们少，自然是比较差的学生；后一个阶段主要靠智慧的发挥，考创造的能力，这很符合女儿的胃口。女儿经过了前两个阶段的努力学习，等赶到最后一个阶段的时候，她已经后来居上了。

最值得骄傲的成绩是，女儿所做的音乐设计作品得了最高分。总共有两个学生获得最高分，她是其中之一。获得这个成绩的作品，学校要在毕业典礼上播放，并作为历届最优秀的作品珍藏。女儿其他方面的成绩也很好，七十个毕业生之中，她是前二十名的。

说起这个音乐设计作品，看得出来女儿是很兴奋的，可能自己也很为此骄傲吧。

女儿说，那个音乐设计的作业，原本需要一个半月的时间来制作，她是在离上交期限还有一个星期的时候开始制作的。而这一个星期，她也只用了四天的时间。这四天之中，女儿说她是没日没夜、全副身心地投入工作，最后提前三天把作品交到了老师手里。

女儿的作品题目是：The Memory of You（《关于你的记忆》），是用声音来表达对昔日爱人的追忆。她是把自己曾经写的小说当作背景文本。虽然是小说，感悟却是真实的。这是结尾的一部分：

> 你喜欢拉着我的手，不管什么时候，都拉着我的手。于是，有你在身边的日子，即使下雪，我的手也是温暖的。第一次拉我手的时候，你说要牵我过马路，因为我总是不看路，所以我们要拉着手。后来，我们走到没有马路的地方，那里的野花似乎一直盛开到了天涯，你依然没有把手松开。后来你说，你怕松手，因为我是一棵蒲公英，虽然那么小，却总不放弃飞翔。岂不知飞翔是因为寂寞，有家又何必流浪？后来，我们为什么放手了呢？我一直都不肯仔细去想，怕那理由不美好，让我后悔放开了手。但我们总是如同平行的两条轨道，无限地接近对方，却始终不能相交。拉着你的手的时候，感觉我们那么靠近彼此了，在你松手的一瞬才发现，温暖的手独自在寒风里那么容易冷却。
>
> 想到这里，伊魑情不自禁地把双手握起来，那手已经渐渐老了，青色的血管如同暗淡素净的人生，散发着苍白的美感。爱情会老吗？心会老吗？老了的爱情是什么样的呢？可为什么有时候觉得，那逝去的是那么地鲜艳，甚至照亮了此刻的空间，如同花的标本。与那标本中的花一起开放的，早凋谢了吧？而那被折下的，有了明媚的死亡的瞬间的，反而从某种意义上享受了神圣的永生。

这些文字只是作品的背景，作品的主体是音乐设计。老师听了那些声音，感觉非常奇怪，这是哪里来的声音呢？

女儿在谈起她的这个作品时说：“感谢生命中那些意外，因为它们让我理解人生，让我更懂得如何表达我的主题。”

探知并了解事物发生的缘故

校训是用拉丁文写成的这样的一句话："以探知并了解事物发生的缘故。"

少时素慕神仙道
私窥天梯或可援
——《学道杂诗》（老咪 24 岁作）

在女儿快要大学毕业的时候，我们全家三口人就不断地在研究下一步该怎么办的问题。

我的态度毫无疑问，需要继续上学。女儿的想法和我一样，也要继续上学。妻子当然是全力支持我们的想法，说生活再困难也要让女儿继续读书。

问题是该去什么样的学校呢？这是我和女儿在电话中反复讨论的问题。

女儿本科读的是伦敦大学皇家学院传媒系，学的是电影导演。硕士研究生是不是还要继续呢？我们在不断地搜索世界上与电影有关的学校，后来觉得纽约电影学院很好，就想将来去美国读纽约电影学院。等女儿取得了非常优秀的大学毕业成绩后，她又改变想法了。

女儿说，她刚到英国的时候，了解到伦敦政经的校训是拉丁文的"以探知并了解事物发生的缘故"(Rerum cognoscere causas)，感到很有共鸣。因为女儿从小对万事万物就充满了好奇心，很想知道它们是怎么回事。女儿 6 岁的时候写过一首诗，认为一切都是太阳的缘故，后来又想太阳是从哪里来的呢？越想越不明白。伦敦政经学院的校训正是她从小就有的一个想法，那时女儿就对我说，能到伦敦政经学院去读书就太好了。我说，报考那个学校吧。女儿说，谈何容易！

我上网一查，才知道伦敦政治经济学院与牛津大学、剑桥大学是英国大学的金三角，是全世界的精英大学，代表着英国大学的最高学术水平。伦敦经济学院在经济学领域曾有 17 名诺贝尔奖获得者，发展了最具权威的经济理论，许多对全球政治、经济、社会发展有影响的思想、政治体系均源于该校。其校友包括国会议员、贵族议会议员、26 位世界各国政府现任或历届首相以及大量的国际知名企业家、商人和金融家。该学校的门槛之高是可想而知的。

女儿说，现在她的大学毕业成绩很不错，有资格报考世界一流的学府，而伦敦政经学院是她一直很向往的。

女儿经过与我的一番商讨，决定报考伦敦政治经济学院的人类学专业和牛津大学的文学专业。令人惊喜的是，伦敦政经竟然在还没有正式开始录取之前，就给女儿发了信函，说愿意录取她去读伦敦政经的人类学硕士。女儿非常高兴，给我说明了情况后，就及时回复了伦敦政治经济学院，答应到该校就读。

真是有意思，女儿上学学什么，我也就跟着读和女儿课程相关的书籍。我读不懂英文的书籍，女儿就给我买了些翻译成汉语的书，如列维—斯特劳斯的《忧郁的热带》，福柯的《疯癫与文明》等等。我读这些书籍，当然不是想求什么学问，无非是想增长一点和女儿对话的资本。但是，和已经读了人类学硕士的女儿对话，我连招架之功都没有，何谈还手之力？大多数情况下只能倾听了。尽管如此，女儿还是不断地找我交谈学问的事情。大概这是一种习惯了吧？

女儿在攻读人类学硕士期间，还非常喜欢读佛教方面的书。我也跟着女儿一起读了《心经》《金刚经》《坛经》《楞严经》等等经典。读了这些经典，才真正知道了什么是大师。

还好，正儿八经的学问上事情我不懂，女儿所写的诗文我还可以与她“奇文共欣赏”的。这是她写的“学道杂诗”，我们一起读后哈哈大笑。

学道杂诗

之一

莫教吾行世上道／莫劝我奉人间法／游戏天下是非地／道心如素向繁华／红尘亦能为道场／烈酒妙处可当茶／潦倒放肆天涯处／正是居士寻到家

之二

少时素慕神仙道／私窥天梯或可援／红尘游历二十载／凡身日益染俗烟／三餐不可短一时／品霞服风未有见／聚则成形散为气／回望青山高入天／手中犹握《道德经》／双脚依旧踏尘寰／方悟人界亦天上／逍遥世间做散仙

我问女儿："你都读了伦敦政治经济学院的人类学硕士了，你弄清了万事发生的缘故了吗？"

女儿笑笑说："起初，神创造天地。"

清晨——老咪画

一个人的花草茶——老咪画

要有一颗关怀所有生命的爱心

我们要认识到自己往往缺乏那颗爱心，所以需要灵性的修养。

谁解今生悔，
赐我修行心。
——《朗月行》（老咪 26 岁作）

女儿 19 岁只身游学英伦，转眼之间，已是七年了。七年之间，其间的忧乐悲喜，非言语所能道也。

在女儿留学的七年之中，我由生入死，死而复生。生地死域，其间的灵肉煎熬，为常人难以体会。

可是，不论什么，都算不得什么。

“我想现在的苦楚，若比起将来要显于我们的荣耀，就不足介意了。”

一只蝶儿，破蛹而出的时刻，需要经过多么艰难困苦的挣扎啊！但是，只有经过那番挣扎，身体中的体质才能流到翅脉中去，两只翅膀才能在空中有力地飞翔。

女儿小时候，因自然弯曲的头发而被人称为洋娃娃。那时候女儿以为天下的真理就掌握在爸爸的手中，甚至以为夜空里的星星都是爸爸给她买的，不然，那是从哪里来的呢？

正是因此，我惶恐不安，如履薄冰。自知自己浅陋愚拙，哪有知识和能力来回答一个孩子的提问呢？

我以前天天盼望着，有一天女儿能够完全靠自己的头脑，对这个世界进行观察和判断。这一天竟在不知不觉中来了，现在我和女儿一起交流读书体会或者对事物的看法时，观点常常相左，意见往往不一。为此，我心里竟会感觉到不舒服，甚至生气。不过，转瞬我就自感好笑：难道我是好龙的叶公？

女儿倒是气度恢宏，争论里总是充满着安静与微笑。她说，这也是训练的，这在她们学校师生之间是经常的事情。她们同学常常是以一起喝咖啡开始，以争论不休散场。

一次，我问女儿："说是你们学校的目的是为了培养改变世界的人，我觉得你们学校真是有点好笑。人能改变这个世界吗？最终还是世界改变了人！比如人破坏了一片地域的生态平衡，大自然就会惩罚那个破坏者，然后再慢慢地把不平衡的生态再平衡过来。就是人用他所制造的核武器把地球毁灭了，对于宇宙来说也无所谓，只不过是人自己失去自己居住的家园罢了！"

女儿听后，便笑着说："青岫先生想的问题也有点忒多了。我认为伦敦政经学院那个'培养改变世界的人'的教育目的还是没错的。你还记得孔老夫子对乾卦彖辞的那段解释吗？'大明始终，六位时成，时乘六龙以御天。'大明之者，当然是深知其所以然之故也。说是圣人时乘六龙以御天，我认为这里讲的就是人的作用。是说造化在我，犹能对天控御。为什么这样说呢？就是人要明白乾道的开始和终结，看到乾卦的六位各以时成，而能因时变化以合乎天。那些不合乎天的就会对世界造成破坏，人要做到合乎天，不就是对被破坏的世界的改变吗？你是没有'大明'啊。"

接着，女儿给我讲了一件她亲历的事情：一次她在街上行走，路旁有一位被大火严重烧伤的乞丐，面目全非，丑陋可怕。那乞丐向行人伸来乞讨的手臂，好似一段成精的枯藤，似乎要把人缠住。女儿很害怕地赶紧快步走过。然而，等回来再路过那乞丐的身边的时候，听到乞丐身边播放着一段佛乐。听到那段安详的佛乐，恐惧突然消失了。这才认识到，那个乞丐丑陋变形的躯壳之内，包裹的依然是一个正常的灵魂。那佛乐不正是那灵魂的心声吗？人的心念，就是这样改变了世界。

我听了女儿所讲的故事，很受感动。

耶稣、佛陀等很多大师，所讲说的道理和智慧，正是教导众生怎样用自己正确的心来赢得一个美好的世界。

人心也就是天心，天心也就是人心。中国人所讲的天人合一，那就是人所追求的最高境界了。《圣经》上说，亚当和夏娃因为没有听上帝的话，吃了“分别善恶树上的果子”，就有罪了。他们的罪就是他们能够分别什么了，尤其是和上帝的分别。佛也是告诉众生不要有分别的心，那样才能达到涅槃的境界。

我和女儿都觉得，最有意思的就是世界上的生命现象了。天以好生为心，天生出了那么多形形色色的生命，真是壮观美丽极了！

我给女儿说：“我觉得上帝创造的这个宇宙，什么都好，就是各种生命都需要吃掉别人以获取能量这种方式不好。干吗非要你吃我我吃你呢？真不忍心看那个动物世界，更厌恶人的那种吃心。”

女儿说：“按照神正论的说法，这一切罪恶和不公正的现象，无损于创世主的全能和至善。正像冯—贝塔朗菲所说：‘世界上的罪恶产生于由个体化而成为各个竞争的部分，这些竞争部分的斗争意味着个体的湮灭和整体的逐步实现。’”

谈到生命问题，真是既有意思，又奇奇怪怪。我们可以通过观察而发现，几乎在所有的生物当中都存在着激烈的竞争，有的生物甚至自己跟自己也过不去。说是产生出来两个头的珊瑚虫，它们会彼此争夺食物，但是，不论谁争到的，都吃到了一个肠腔内。

实际上，从根本上说是没有分别的，分别只是一个虚幻的假象。科学家说，仔细地去追寻个体时，个体的概念就会变得模糊不清了，个体性是可以接近但不能达到的极限。

赫拉克利特说：“从一产生一切。”中国圣人也说：“道生一，一生二，二生三，三生万物。”但是，从一而来，还是要回归到一那里去。人若能体会到那个“一”，真正的爱、所谓的慈悲，也就产生出来了。

所以，作为一个人来说，最重要的当是有一颗关怀所有生命的爱心。我们要认识到自己往往缺乏那颗爱心，所以需要灵性的修养。

女儿写了一首诗《朗月行》，我看了很受感动：

谁解今生悔 / 赐我修行心 / 累劫慕大道 / 百世恋红尘 / 我身如浮土 / 我心如流云 / 功名与恩爱 / 须臾何处寻 / 诸幻揭实相 / 未了贪与嗔 / 反躬见我慢 / 对镜一痴人 / 知道非悟道 / 修行未修真 / 人笑扑火蛾 / 佛看天下人

我们又常常思索一个问题，那个产生了一切的一是从何而来呢？我们弄不清这个问题，也就弄不清我们人类这种美丽的生命是从何而来。

生命的源头到底在哪里啊？

我们仨

后记

数年前，在临近春节的时候，漓江出版社的文龙玉女士专程来到青岛，约我写一本教育我女儿的书。她第一次来青岛，头天晚上与我交谈，第二天一早就转回了。我很为她的这种敬业精神所感动。

说到我对女儿的教育，自己真的有点惶恐不安，感到非常惭愧。我哪里有好方法教育女儿呢？我只不过是用我的心去爱她而已，我只不过是把我爱这个世界上的各种东西的想法告诉她，把我的那种情绪传染给了她而已。其实，对不起女儿的地方却是更多，因为自己知识浅薄，天资愚钝。

我爱这个世界，爱这个世界上的一切：人、猪、狗、牛、羊、马等一切的动物；树、草、花、高粱、小麦等一切的植物；流水的小河和飘动着白云的天空；白天里的阳光和夜晚里的星辰。哪一样东西能不让人心动呢？我爱他们和它们，我就把那样的爱也给了女儿了。

我爱我的女儿，我就在她很小很小的时候，和她一起去观察我们所爱的一切，去探索我们面对的种种事物的奥秘，去抒发我们对这个奇妙世界的感想。

其实，我是很感谢我的女儿的，她从会说话的那一天起，就不断地提出种种深奥的问题来考问我，很惭愧的是，没有一个问题是我能够回答好的。所以，我从来不敢说是我教育了女儿，如果不是女儿的提问，我的心或许至今对那些问题还麻木不仁呢。

因为我爱自己的女儿，对于女儿提出的问题，从来不敢不懂装懂。虽然自己孤陋寡闻，又天性愚钝，由于出于爱的缘故，我就和女儿一起去学习那些问题，去思考那些问题，并用种种方法去描绘对那些问题的体会。

我们一起到田野里、到山上、到河里去看，看那各种各样的东西都怎么了。我们一起翻开今人的书、古人的书、外国人的书去读，想知道别的人都对这个世界说了什么。我们一起闭上眼睛去听，听风的声音、听雨的声音、听小鸟的声音，我们以为也可能这些声音能告诉我们这个世界的奥秘。

我们觉得爱是一根长长的藤蔓，它会长出知识的叶子，会开出智慧的花朵，最后又会结出爱的果实。

一天天，一月月，一年年，从女儿一岁到女儿十九岁，我们就是这样度过的。

女儿在十九年的时间里，她用三本诗集、一部长篇小说，还有她写的一些歌曲，表达了她的种种人生感受。

女儿十九岁那年秋天，她远赴英伦，开始了国外留学的生涯。在女儿出国之前，我却病了。我不能到北京机场送她，只能在青岛开往北京的火车站上送她。等待火车开动的时刻，我们却是默默无语，火车徐徐启动了，我们也只是彼此挥手，不想让眼泪流出来，眼泪还是流了出来。

女儿在伦敦大学皇家学院电影导演系本科毕业后，又读了伦敦政治经济学院人类学硕士研究生。现在西安交通大学读哲学博士。

在文龙玉女士的鼓励下，我就一口气写出了陪伴女儿学习的经历和感受。可是，写完之后，我又没有信心把书稿交给文龙玉女士了，我觉得我的那些经验，会对别人有借鉴意义吗？再者，我也觉得自己写得不好，我没有能力写出陪伴女儿一起成长的那些经历来。于是，书稿一放就是三四年的时间，并没有打算再出版此书。后来，文主任一再给我鼓励，并提出了具体的修改意见，如今，终于完成了。

我体会到，一本书的面世，出版家才是真正的设计者，所谓的作者不过是个工人罢了。在此，我要好好地感谢文龙玉女士！

2014年4月12日于青岛浮山之下